KB216507

월리스 와틀스(Wallace D. Wattles)

부자가 되기 위한 법칙을 따르며
성장해 나가는 사람에게는 반드시 기회가 찾아온다.
부자의 방식으로 행동하기만 하면 신은 우리를 돕지 않을 수 없다.
우리가 아닌 신 자신을 위해서라도 우리를 도울 수밖에 없다.

THE SCIENCE OF GETTING RICH

저자 윌리스 와틀스
옮김 이주현

부는 어디에서 오는가

알파미디어

THE
SCIENCE OF
GETTING RICH

부는 어디에서 오는가

부는 어디에서 오는가

Wallace D. Wattles

목차

이 책은 철학서가 아닌 실용서다.

이론을 파고드는 논문이 아닌 실용적인 설명서다. 인생에서 가장 시급한 문제가 돈인 사람들, 부자가 되는 것이 최우선이고 사색과 철학은 그 다음 문제로 간주하는 사람들을 위한 책이다.

살면서 지금까지 돈에 관한 이론을 깊게 연구할 시간이나 방법, 기회도 없었지만 결론을 도출하길 원하고, 그 결론에 도달하기까지의 복잡한 과정을 거치지 않고 실천에 옮길 의향이 있는 사람들을 위한 책이다.

이 책을 펼친 독자는 의심이나 의문 없이 이 책에 나온 근본적인 사상을 온전히 믿어야 한다. 마르코니나 에디슨이 발표한 전기 작용의 법칙을 있는 그대로 믿는 것처럼 말이다. 그리고 그 믿음을 증명하기 위해서는 어떠한 두려움이나 망설임 없이 실행에 옮겨야 한다.

그리하면 반드시 부자가 된다.

이 책이 제시하는 부자가 되는 방법은 정확한 과학 그 자체이기 때문에 실패의 여지가 없다. 그럼에도 불구하고 확신을 위해서 철학적인 이론을 들여다보고 싶은 사람들을 위해서 이 책이 내세우는 주장의 근거가 되는 몇 가지 글을 살펴보자.

하나가 전체이고 전체가 하나라는 일원론적 우주론

힌두교에서 유래한 것으로, 하나의 본질은 물질 세계의 다양한 모습으로 스스로를 드러낸다는 원리를 말한다. 일원론은 지난 200년간 서서히 서양 사상에 깊이 스며들어 왔고, 모든 동양 사상을 비롯해 데카르트, 스피노자, 라이프니츠, 쇼펜하우어, 헤겔, 에머슨 등 서구 철학의 기초가 되었다.

부자가 되는 과학의 철학적 배경을 깊게 파고들고자 하는 독자에게 헤겔과 에머슨의 저서를 읽어보라고 권하고 싶다. 또한 J.J.브라운의 소논문 『영원한 소식(The Eternal News)』역시 도움이 될 거로 생각한다. 1909년 봄과 여름에 노틸러스(Nautilus)(Holyoke, Mass)에 『진리란 무엇인가(What is Truth?)』라는 제목으로 출간된 필자의 글 몇 편도 함께 권한다.

이 글에서는 이해하기 쉽도록 최대한 간결하고, 명료하게 내용을 전달하는 것을 가장 중요시했다. 이 책에서 제시하는 실천 방안은 철학적 이론을 근거로 하지만, 실생활에 적용할 수 있도록 세심하게 그 효과를 검증했다. 철학적 이론을 근거로 실천 방안을 어떻게 도출했는지 알고 싶다면 위에서 언급한 철학자의 글을 읽어보길 바란다.

그리고 이 철학자들의 사상을 실생활에 적용하고 싶다면 이 책을 읽고 책에서 제시하는 바를 그대로 정확하게 따르길 바란다.

1장

누구나 부자가 될 권리

가난은 아무리 잘 포장해도
부정할 수 없다.

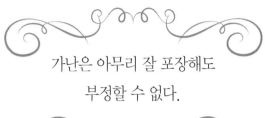

가난은 아무리 잘 포장해도
부정할 수 없다.

부자가 아닌 이상 성공적인 삶을 살기란 불가능하다는 것이다. 그 누구도 돈이 충분하지 않고서는 자신의 재능을 완전히 펼치거나 건강한 존재로 살아갈 수 없다. 재능을 펼치고 자신의 영혼을 들여다보기 위해서는 가용할 자원이 많아야 하는데, 돈이 없다면 그 자원을 살 수 없다.

사람의 마음, 영혼, 신체는 물질적인 것들, 즉 자원을 활용함으로써 성장한다.

현대사회에서 물질을 소유하기 위해서 반드시 돈이 필요하다. 따라서 모든 발전의 근간에는 부자가 되는 과학이 기초를 이루고 있어야 한다.

결국 살아 있는 모든 것의 궁극적인 목표는 성장이다. 모든 생명에는 자기가 이뤄낼 수 있는 최대한의 성장을 이룰 수 있는 권리가 있다. 우리가 살아가면서 정신적 · 영적 · 육체적 성장을 도모하는 데 필요한 것이라면 아무런 제한 없이 자유롭게 사용할 권리가 있다. 즉, 누구나 부자가 될 권리가 있다는 말이다.

나는 이 책에서 부를 비유적으로 표현하지 않을 예정이다. 진정한 부자는 사소한 것들에 만족하거나 행복해서는 안 된다. 더 많이 쓰고, 즐길 수 있다면 그 조금에 만족해서는 안 된다. 인생이란 앞으로 나아가고 더 풍성해지는 것이고, 그것이 바로 자연의 섭리다. 사람은 누구나 기품이 있고 우아한 아름다운 삶을 풍성하게 누릴 권리를 가져야 한다. 적게 가지고도 만족하는 것은 죄악이다.

부자라면 이상적인 삶을 살기 위해 원하는 모든 것을 소유할 수 있는 사람이어야 한다. 돈이 부족한 사람은 원하는 모든 것을 가질 수 없다. 현대사회는 너무나도 고도화되고 복잡해져서 평범한 사람도 완성된 삶에 조금이라도 가까워지기 위해서는 막대한 돈이 필요하다.

사람은 누구나 자신의 능력을 최대한 발휘하고 싶어 한다. 내면에 잠재된 가능성을 발휘하고자 하는 욕망은 인간의 본성이다.

이 본성 때문에 우리는 역량을 최대한 발휘해 성과를 만들고 싶어 한다. 성공이란 원하는 모든 것을 이루는 것이고, 이루고 싶은 것을 위해서는 물질적인 자원이 필요하다. 그 물질적 자원을 자유롭게 사용할 수 있는 유일한 방법은 그 자원을 살 수 있을 만큼 충분한 부자가 되는 것이다. 따라서 부자가 되는 과학을 이해하는 것은 무엇보다 중요한 지식의 근본이라고 할 수 있다.

부자가 되고 싶은 마음은 조금도 잘못된 것이 아니다.

부자가 되려하는 욕망은 더 풍성하고 충만한 삶을 살고자 하는 욕구이다. 그 욕구는 칭찬받아 마땅하며, 오히려 풍성한 삶을 살고자 하는 욕구가 없는 사람이 비정상이다. 따라서 원하는 것을 모두 살 수 있을 만큼의 충분한 돈을 가지고자 하는 욕구가 없는 사람이야말로 비정상인 것이다.

우리는 세 가지 동기로 인생을 살아간다. 그것은 몸·마음·영혼이다.

이 세 가지 중에서 특별히 우월하거나 고귀한 것은 없다. 즉, 모든 요소가 중요하며, 세 가지 요소 중에 어느 하나라도 충만하게 채워지지 않는다면 온전할 수 없다. 몸과 마음은 부정한 채 영혼만을 위해 사는 것은 고귀하지 않다.

마찬가지로 몸과 영혼은 부정하면서 마음만을 위해 사는 것도 옳지 않다. 또한 마음과 영혼은 돌보지 않고 몸만을 위해 사는 것이 얼마나 추악한 결과를 초래하는지 우리는 잘 알고 있다.

진정한 삶이란 몸과 마음, 그리고 영혼을 통해 할 수 있는 모든 것을 해내는 것이라는 사실도 알고 있다.

어떤 말을 하더라도 몸이 제 기능하지 않고, 마음과 영혼도 제대로 작동하지 않는다면 진정으로 행복을 느끼는 만족스러운 삶을 산다고 말할 수 없다. 제대로 표출되지 않은 능력이나 작동하지 않는 기능이 있는 곳에는 반드시 충족되지 않은 욕구가 존재하기 마련이며, 욕구란 내재된 잠재력이나 기능이 표출되지 못해 발생한다.

좋은 음식, 편안한 옷, 좋은 집이 없거나 과도한 노동을 하지 않을 자유가 없다면 육체의 욕구를 완전히 해소할 수 없다. 휴식과 여가, 취미 역시 육체적 건강에 필수이다.

책을 읽고 그 책을 연구할 시간이 없거나 여행하고 주변을 관찰할 기회가 없다면, 지적인 교류를 나눌 친구가 없다면 마음의 양식을 채울 수 없다. 마음을 채우려면 지적 활동을 해야 하며, 감상할 수 있는 예술품과 같은 미학의 대상이 있어야 한다.

영혼의 충만함을 채우려면 사랑해야 한다.

하지만 가난하면 제대로 사랑을 표현하기 어려울 수 있다. 우리는 사랑하는 사람에게 베풀 수 있을 때 가장 행복하다. 무언가를 주는 것은 가장 자연스럽고 무의식적인 사랑의 표현이다.

즉, 베풀 것이 없다면 배우자나 아버지로서, 또는 일반 시민이자 한 인간으로서의 역할을 다할 수 없게 된다. 물질적 자원을 사용할 때 비로소 신체적으로 제대로 기능하고, 마음을 풍성하게 가꾸며, 영혼의 잠재력을 마음껏 펼칠 수 있다. 그러므로 부자가 되는 것은 우리에게 그 무엇보다 중요하다.

부자가 되고 싶은 마음은 정당하다.

남녀노소를 따지지 않고 누구나 당연히 그렇게 느껴야 하고, 그런 마음을 느낄 수밖에 없다. 그렇기에 부자가 되는 방법에 몰두하게 되는데, 그것이야말로 가장 필요한 공부이기 때문이다. 이 공부에 관심을 쏟지 않는 것은 자신은 물론, 신과 인류에 대한 직무유기다. 자신의 잠재력을 최대한 발휘하는 것이야말로 신이 인간을 만든 목적에 부합하고 인류에 이바지하는 길이다.

> **"**
> 가난하게 태어난 것이 당신의 실수는 아니다.
>
> 그러나 죽을 때까지 가난한 것은 당신의 실수이다.
>
> − 빌 게이츠 −
>
> **"**

2장

부자가 되는 과학적인 방법

부자가 될 수 있는 방법은
존재한다.

부자가 될 수 있는 방법은
존재한다.

그것은 절대적인 방법이자 분명한 과학으로, 대수학이나 사칙연산과 같은 완벽한 과학이다. 이처럼 부자가 되는 과정을 관통하는 특정한 법칙이 있다. 그 법칙을 배우고 따르면 수학적 계산처럼 확실하게 부자가 될 수 있다.

부자의 방식을 따르기만 하면 돈과 재산이 생긴다.

의도적이든 실수이든, 어쨌든 따르기만 하면 부자가 될 수 있다. 반면 그 방법을 따르지 않는 사람은 아무리 열심히 일하고 능력을 발휘해도 부자가 될 수 없다.

원인이 같으면 항상 같은 결과가 나오는 것처럼 부자의 방식을 배우기만 하면 누구나 틀림없이 부자가 된다. 이 주장이 사실이라는 것은 다음과 같이 증명할 수 있다.

부자가 되는 것은 환경과는 무관하다. 만약 환경과 관련이 있다면 어느 지역에 사는가에 따라 부의 여부가 결정될 것이다. 특정 지역, 특정 도시에 사는 사람은 모두 부자인 반면 그 이외 지역과 도시에 사는 사람은 모두 가난해야 할 것이다.

또한 어느 나라의 사람들은 돈을 쓸어 담고, 다른 나라의 사람들은 가난에 시달릴 것이다.

하지만 현실은 그렇지 않고, 부와 빈곤은 어디서나 공존한다. 두 명의 사람이 동일한 지역에 거주하면서 동일한 업종에 종사하는데, 한 명은 부자가 되고 다른 한 명은 여전히 가난하다면 부자가 되는 것은 환경의 문제가 아니라는 것이 더욱 명확해진다. 같은 지역에 살며 같은 일을 하는데 한 명은 부자고 다른 한 명은 가난하다면, 부자가 되기 위해서는 부자의 방식을 따라야 한다는 것임을 알 수 있다.

부자의 방식을 따르는 것은 재능과는 무관하다. 재능이 많아도 가난한 사람이 있고, 재능이 없어도 부자인 사람이 있다. 부자가 된 사람들을 연구해 보면 이들은 여러 면에서 평균에 속하는,

즉 그리 대단한 능력이나 재능을 가진 사람들이 아니다. 다른 사람에게 없는 능력과 재능 때문에 부자가 된 것이 아니라 부자의 방식을 따랐기 때문에 부자가 된 것이다.

저축하거나 검소하게 산다고 해서 부자가 되는 것이 아니며, 극도로 절약하며 궁핍하게 사는 사람들도 가난한 경우가 많다. 반면 마음껏 쓰면서도 부자가 되기도 한다. 남들이 하지 못하는 일을 해서 부자가 되는 것도 아니다. 같은 분야에 종사하는 두 사람은 정확하게 동일한 업무를 하면서 한 명은 부자가 되고, 다른 한 명은 여전히 가난하거나 파산하기도 한다.

종합하자면 부자의 방식을 따르면 부자가 될 수 있다는 것이다. 원인이 같으면 항상 동일한 결과가 발생하는 것처럼, 부자의 방식을 따르는 사

람이라면 누구나 부자가 될 수 있다. 이 모든 것
은 완벽하고, 정확한 과학의 영역이다.

여기서 의문이 생길 수 있다. 그 부자의 방식
이 너무 어려워서 소수의 사람만 따를 수 있는 건
아닌가 하는 것이다. 하지만 재능이 탁월한 사람
도 부자가 되고, 머리가 나쁜 사람도 부자가 된
다. 지적 수준이 뛰어난 사람도 부자가 되지만,
어리석은 사람도 부자가 된다. 힘이 센 사람도 부
자가 되고, 힘이 약하고 병약한 사람도 부자가 된
다. 물론 어느 정도의 사고력과 이해력은 필요하
지만, 이 글을 읽고 이해할 수 있는 수준의 사람
이라면 충분하다.

부자가 되는 것은 환경의 문제가 아니라는 점
을 살펴봤다. 하지만 지리적 요소는 어느 정도 고
려해야 한다.

사하라 사막의 한가운데서 사업에 성공을 기대하는 것은 쉽지 않으니 말이다.

부자가 되려면 사람을 잘 상대해야 하고, 그러려면 상대할 사람이 있는 곳으로 가야 한다. 그리고 상대해야 하는 사람이 내가 바라는 대로 행동해 준다면 더할 나위 없이 좋겠지만, 환경이 미치는 영향은 이 정도가 끝이다. 현재 살고 있는 동네에 부자가 있다면 나도 부자가 될 수 있고, 같은 도시에 사는 누군가가 부자가 있다면 나 역시 부자가 될 수 있다.

다시 한 번 강조하지만, 부자가 되는 것에 업종이나 직업은 중요하지 않다. 어떤 업종이나 직업을 선택하든 부자가 될 수 있다. 하지만 동일한 업종과 직업을 가지고 있어도 내 이웃은 가난할 수 있다.

자신이 좋아하고 적성에 맞는 일을 하면 잘할 수밖에 없다. 그리고 특별한 재능이 있다면 그 재능을 활용할 수 있는 일에서 더욱 빛날 것이다.

　또한 지리적인 요소도 어느 정도 고려해야 한다. 아이스크림 가게의 경우라면 그린란드 같은 추운 곳보다는 따뜻한 지역에서 하는 게 나을 것이고, 연어잡이라면 연어가 없는 플로리다보다 북서쪽 해안에서 하는 게 유리할 것이다.

　이런 일반적이고 뻔한 요소를 제외하면, 부자가 되는 것은 어떤 직종에 종사하는지의 문제가 아니라 부자의 방식을 잘 따르고 있는가에 달려 있다. 나와 같은 일을 하는 다른 누군가는 부자가 되고 있는데, 나는 그렇지 못하다면 다른 사람은 부자의 방식을 따르고 있기 때문이고 나는 그렇지 않기 때문인 것이다.

자본의 부족은 부자가 되는 것에 아무런 영향을 미치지 않는다.

　자본이 많다면 더 쉽고 빠르게 부자가 될 수 있겠지만, 자본이 많다는 것은 이미 부자라서 어떻게 해야 더 부자가 될지 고민할 필요가 없다.

　지금 아무리 가난해도 부자의 방식을 따르기만 하면 부자가 되고, 자본을 쌓을 수 있을 것이다. 자본을 쌓는 것은 부자가 되는 과정에서 중요한 부분이고, 부자의 방식을 따르기만 하면 저절로 일어나는 일이다.

　지금 당장은 전국에서 가장 가난한 사람일지라도, 막대한 빚을 지고 친구도, 영향력도, 자원도 없을지 모른다. 하지만 부자의 방식을 따르기 시작한다면 부자가 되는 것은 시간의 문제다.

　같은 원인은 같은 결과를 낳기 마련이기에 자

본이 없어도 자본이 생겨나고, 맞지 않은 일을 하고 있더라도 맞는 일을 할 수 있는 길로 들어설 것이다. 지금 있는 장소가 나에게 맞지 않더라도 나에게 맞는 곳으로 가게 된다. 지금 하는 일, 지금 있는 장소를 바꾸지 않아도 지금 그곳에서 그 일을 하면서 부자의 방식을 실천한다면 반드시 성공하게 된다.

3장

무한한 기회

기회가 없어서 가난하다는 것은
변명이다.

기회가 없어서 가난하다는 것은
변명이다.

　다른 사람들이 부를 독점하고, 아무도 가져가
지 못하게 한 것도 아니기 때문이다. 특정한 업종
에 종사하지 못하게 될 수도 있지만, 설사 그렇다
고 하더라도 할 수 있는 다른 일들이 분명히 존재
한다.

철도 산업은 이미 꽤 독점된 상태이기 때문에 진입하기 어려울 수 있지만, 아직 걸음마 단계인 다른 산업들에는 기회가 널려 있다. 그리고 항공 교통과 운송 분야는 점점 더 활발해질 것이고, 관련된 수많은 분야들은 수천에서 수백만의 사람에게 취업의 기회를 줄 수 있을 것이다. 이미 철도 사업을 독점한 철도왕 J.J 힐과 경쟁하는 대신 항공 분야에 눈을 돌리는 것이 현명하다.

철강 회사에서 근무하는 노동자가 그 회사를 소유할 수 있는 가능성은 매우 낮다. 하지만 부자의 방식을 따르기 시작한다면 그 회사를 떠나 수천 평에 달하는 대형 농장을 매입해 새로운 분야에 발을 들일 수 있다. 작은 농경지에서 체계적으로 경작해서 많은 양의 농작물을 재배한다면 부자가 될 수 있는 기회가 생기기 마련이다. 그렇다면 애초에 그 농경지를 어떻게 구할 수 있냐고 되물을 수 있겠지만, 불가능하지 않다는 것을 증명할 수 있다. 부자의 방식을 따르기만 한다면 말이다.

시기에 따라 기회의 물결은 다른 방향을 향한다. 전 인류의 필요와 사회적 진화 과정이 어떤 단계에 도달했는지에 따라서 말이다. 현재(1910년대) 미국은 농업과 관련 사업의 직종이 각광을 받고 있다.

공장 노동자보다 농부에게 더 많은 기회가 열려 있는 것이다. 공장 노동자에게 물건을 납품하는 사업가보다 농부에게 물건을 납품하는 사업가가, 노동자 계층을 상대하는 사업가보다 농부를 상대하는 사업가가 부자가 될 가능성이 크다. 이 기회의 물결을 거스르지 않고 잘 타는 사람은 부자가 될 기회를 맞이할 가능성이 크다.

그렇기에 개인이든 집단이든 공장 노동자라고 해서 부자가 될 기회가 없다는 것은 말이 안 된다. 노동자라고 해서 상사에게 억압받는 것도, 사회적 자본으로부터 배제된 것도 아니다. 노동자로 머물러 있는 이유는 단지 부자의 방식을 따르지 않기 때문이다. 미국의 노동자가 부자의 방식을 따른다면 벨기에와 같은 다른 국가의 노동자의 선례를 따라 대형 백화점과 협동조합을 만들 수 있다. 노동계급의 개인을 공직에 선출해 협동조합의 발전을 도모하는 법안을 통과시킬 수도 있고, 수년 내로 평화적인 방법으로 해당 산업의 주도권을 쥘 수도 있다.

이처럼 부자의 방식을 따르기만 한다면 노동계급도 얼마든지 지배계급이 될 수 있다. 부자가 되는 법칙은 그 누구에게나 공평하기 때문이다.

이것이 우리가 배워야 하는 사실이다. 아무런 변화도 없이 살아가기만 한다면 계속 그 자리에 머물게 된다. 노동자 계급에 만연한 무지와 정신적 나태함에 맞서 일어나기만 한다면 부자가 되는 기회의 물결에 올라탈 수 있다. 이 책이 그 방법을 알려줄 것이다.

부의 공급이 충분하지 않아 가난에 머무는 것도 아니다.

부는 모두에게 돌아갈 만큼 차고 넘친다. 미국의 건축 자재만으로도 이 지구상 모든 사람에게 워싱턴 국회의사당 규모의 궁궐을 지어줄 수 있다. 그리고 재배에만 집중한다면 이 세상 모든 사람에게 입힐 만큼 양모, 면직물, 비단을 생산해낼 수 있다. 그것도 솔로몬이 영광의 상징으로 입었던 형형색색의 비단옷보다 더 고운 옷으로 말이다. 식량도 이 세상 모든 사람이 배불리 먹을 수 있을 만큼 풍족하다. 가시적인 자원은 사실상 고갈되지 않을 만큼 풍족하다고 할 수 있다. 그리고 보이지 않는 자원은 실제로 고갈되지 않을 정도로 무한하다.

지구상에서 볼 수 있는 모든 것은 단 하나의 근원적 물질로부터 기인한다. 그 물질로부터 다른 모든 것이 만들어진다. 새로운 물질은 끊임없이 만들어지고, 오래된 것은 사라지고 있다. 하지만 결국 모든 것의 형태는 단 하나의 근원적 물질로부터 기인한다. 무형의 물질 또는 근원 물질로부터 오는 공급은 무한하다.

우주는 이 근원 물질로부터 창조되었다. 이 우주를 만들어내고도 여전히 근원 물질이 남아 있다. 우주에서 우리가 눈으로 볼 수 있는 가시적 물질 사이사이에는 무형의 물질, 즉 만물의 원형인 근원 물질이 스며들어 있고, 이 물질로 가득 채워져 있다. 앞으로 지금껏 만들어진 것의 만 배 이상의 것을 더 만들 수 있다. 그럼에도 이 근원 물질은 고갈되지 않는다. 그렇기에 돌아갈 자원이 없어서, 자원이 부족해서 가난하다는 것은 어불성설이다.

자연은 무한한 부의 창고이다.

부의 공급은 절대 끊어지지 않는다. 창조의 힘이 넘치는 근원 물질은 끊임없이 새로운 것을 만들어내고 있다. 건물을 지을 건축 자재가 고갈된다고 하더라도 더 많은 자재가 생겨날 것이다. 땅과 흙이 고갈되어 더 이상 식량과 옷을 만들어 낼 원자재가 자랄 수 없다고 해도 땅은 소생되어 더 많은 흙을 만들어 낼 것이다.

모든 금과 은을 채굴해내서 더 이상 얻을 게 없다고 하더라도 더 많은 금은보화가 무형의 근원 물질로부터 만들어질 것이다. 근원 물질은 인류의 필요를 알고 있으며, 좋은 것만을 주고자 한다.

인류의 경우에도 동일하다. 인류 전체를 보자면 우리는 항상 넘칠 만큼 누려왔다. 하지만 개인이 가난한 이유는 부자의 방식을 따르지 않기 때문이다.

무형의 근원 물질은 지성의 존재다. 생명력이 있어 사고 능력이 있으며 항상 더 큰, 더 많은 삶을 향해 움직인다. 생명력 넘치는 물질이 더 풍성한 삶을 추구하는 것은 자연스러운 일이다. 지성은 본질적으로 더욱 확장되고자 하고, 의식은 그 한계를 넘어서 더 풍성하게 표현되길 원한다. 사물로 이루어진 우주는 살아있는 물질로 이루어져 있으며, 더 풍성하게 자신을 드러내려고 형체를 갖춘다.

우주는 살아 있는 거대한 존재로 항상 더 큰 생명력을 가지고 더 풍성하게 기능하고자 나아간다. 우주는 생명의 발전을 위해 만들어졌으며, 우주의 가장 큰 원동력은 삶의 확장이다. 그렇기에 생명의 발전과 성장에 도움이 되는 것이라면 무엇이든 풍성하게 제공된다.

신이 자신의 말과 행동을 부정하고 이 우주를 위해 해낸 모든 것을 아무 것도 아닌 것으로 만들지 않는 이상 부족함이란 존재할 수 없다.

부의 공급이 부족해서 가난한 것은 절대 아니다. 이제 근원 물질의 공급 역시 부자의 방식으로 사고하고 행동하는 사람의 손에 달려 있다는 사실을 조금 더 깊이 들여다보자.

4장

생각의 형상화

무형의 근원 물질로부터 유형의
부를 만들어 낼 수 있는 유일한
힘은 생각으로부터 나온다.

무형의 근원 물질로부터 유형의
부를 만들어 낼 수 있는 유일한 힘은
생각으로부터 나온다.

이 세상에 만들어진 모든 것은 사고할 능력이
있고, 그 생각에 따라 형상이 만들어진다. 즉, 근
원 물질은 생각하는 대로 움직인다. 이 우주에서
눈으로 볼 수 있는 모든 형상과 과정은 근원 물질
의 생각을 가시화한 것이다.

근원 물질이 어떠한 형상을 떠올리면 그 형상
은 실재가 된다. 움직임을 생각하면 그렇게 움직
이게 된다. 만물은 이런 식으로 만들어졌고, 우리
는 생각으로 가득한 세상에 산다. 그리고 그 세상
은 생각으로 가득한 우주의 일부분이다.

근원 물질이 움직이는 우주를 생각하면 사고하
는 물질에 의해 태양계라는 형상을 취하고, 그 형
상을 유지한다. 사고하는 근원 물질은 자기가 하
는 생각의 형상을 띠고 그 생각에 따라 움직인다.
태양계를 중심으로 공전하는 행성에 대한 생각은
형상을 띠게 되고 결국 실제로 그 생각대로 행성
은 태양계를 중심으로 공전하게 된다. 아주 천천
히 자라나는 떡갈나무를 생각하면 그 생각이 형
상을 띠게 되고 나무를 만든다.

그 나무를 만드는 데 수 세기가 걸린다고 하더

라도 결국 나무는 만들어진다. 떡갈나무를 생각한다고 해서 당장 나무가 생겨나는 것이 아니다. 나무를 만들고 성장하게 만드는 힘에 의해 나무가 서서히 자라나기 시작하는 것이다. 사고하는 근원 물질에 각인된 생각은 형상을 띠고 그 형상은 실제 무언가로 만들어진다. 그리고 그 형상은 항상, 아니면 적어도 일반적으로 이미 우리가 알고 있는 발전 과정이나 행적에 따라 만들어진다.

특정한 구조의 집을 떠올린다고 가정해 보자.

근원 물질에 이 생각이 각인된다고 해서 그 집이 하루아침에 생겨나지는 않는다. 다만 창조적 힘이 발동되어 다양한 경로를 통해 신속하게 생각 속의 그 집이 만들어진다. 창조적 힘이 발동되어 생각이 실현될 경로가 존재하지 않는다면 유기물 또는 무기물 세계의 더딘 과정을 거치지 않

고 근원 물질로부터 바로 집이 만들어지기도 한
다. 근원 물질에 생각이 각인되면 반드시 그 생각
의 형상이 만들어지기 마련이다.

사람은 사고하는 존재로, 생각을 만들어 낼 수
있다.

사람이 손으로 만들어내는 모든 것은 우선 머
릿속에 생각으로 존재해야 한다. 그것이 생각으
로 존재하기 전까지는 형상을 빚어낼 수 없다. 지
금까지 우리는 손으로 하는 일에만 노력해왔다.
형상을 만들어 내기 위해 육체적인 노동을 해 이
미 존재하는 것을 바꾸거나 수정하는 것에만 노
력을 기울였다. 무형의 근원 물질에 생각을 각인
시켜 완전히 새로운 것을 형상화할 생각은 일절
해보지 못한 것이다.

우리는 어떤 생각을 하고, 자연으로부터 그 생

각에 필요한 재료를 취해 실제 형상으로 만들어
내왔다. 지금까지는 근원 물질과 협력하려는 노
력을 아예 또는 거의 하지 않았다. '신과' 협업할
생각은 하지 못한 것이다. '신이 하는 일'을 우리
가 직접 할 수 있으리라고는 상상도 못했다. 사람
은 육체적으로 노동해 이미 존재하는 형상을 재
구성하고 변형한다. 근원 물질과 자신의 생각을
주고받는 과정을 통해 새로운 것을 만들어낼 생
각은 아예 생각조차 하지 못한 것이다.

　나는 우리가 그렇게 할 수 있다는 것을, 그리
고 그 방법을 보여주고자 한다. 사람이라면 누구
나 근원 물질과 교감해서 새로운 무언가를 만들
어 낼 수 있다고 말이다. 이를 위한 첫 번째 단계
로 세 가지 기본 명제를 천천히 살펴보자.

　만물의 근원이 되는 단 하나의 물질이 존재한다.

우리가 다르다고 생각하는 수많은 각각의 요소들조차 이 근원 물질의 다른 모습일 뿐이다. 유기물, 그리고 무기물의 종류는 다양하지만 다른 모양을 취하고 있을 뿐 결국 그것의 근원은 동일하다. 그리고 그 근원이 바로 사고하는 물질로 그 물질 속에 있는 생각이 생각의 형상을 만들어낸다. 생각이 형상을 만드는 것이다.

인간은 독창적인 생각을 할 수 있는 사고하는 존재이다. 사람이 사고하는 근원 물질에 자신의 생각을 전달할 수 있다면 사람 역시 자신이 생각하는 것을 만들어내고 형상화 할 수 있다. 다시 정리해 보면 이렇다.

● 모든 것의 근원이 되는 사고하는 근원 물질이 존재한다. 그리고 이 물질은 가장 원초적인 상태로 우주의 곳곳에 스며들고, 침투하여 모든

공간을 가득 채운다.

- 이 물질에 깃든 생각은 그 생각이 나타내는 이미지를 형상화한다.
- 사람은 무형의 근원 물질에 자신의 생각을 각인시켜 생각을 형상화해 실제 물체로 만들어 낼 수 있다.

이 주장을 증명할 수 있냐고 누군가 물어보면 굳이 자세하게 설명할 필요도 없이 논리적으로, 그리고 실증적으로 증명할 수 있다고 대답할 것이다.

생각과 형상의 개념을 다시 정리해 보면, 단 하나의 사고하는 근원 물질이 존재한다고 본다. 그리고 이 사고하는 근원 물질의 개념으로부터 사람은 자신이 생각하는 것을 형상화할 능력이 있다고 주장한다. 실증적으로도 나는 이 주장이 사실임을 발견했다. 내가 제시할 수 있는 가장 강력한 증거를 살펴보자.

이 책을 읽는 사람 중 단 한 명이라도 이 책에 나오는 주장을 따라 부자가 된다면 내 주장이 어느 정도 옳다고 말할 수 있다. 하지만 이 책을 읽는 모두가 부자가 된다면 동일한 과정을 밟고도 실패, 즉 부자가 되지 않는 누군가 나올 때까지는 이 주장이 완전한 사실이라는 것이 증명되는 셈이다. 실패 사례가 나올 때까지 이론은 사실이다. 그리고 실패 사례는 나오지 않을 것이다. 단언컨대 이 책에서 제시하는 내용을 정확하게 따라 하면 누구나 부자가 될 것이기 때문이다.

부자의 방식을 따르면 누구나 부자가 될 수 있다고 말해왔다.

그리고 부자의 방식을 따르려면 우선 부자의 방식으로 생각할 줄 알아야 한다. 생각은 행동에 직접적인 영향을 미친다. 원하는 방식으로 어떤 행동을 하려면 원하는 방식으로 생각할 수 있는 능력부터 키워야 한다. 이것이 바로 부자가 되는 첫 번째 단계이다.

생각하고 싶은 것을 생각하려면 진실을 생각해야 한다. 겉으로 보이는 외면과 관계없이 진실인 것을 말이다.

사람은 누구나 자신이 원하는 것을 생각할 수 있는 능력을 타고난다. 하지만 자신이 원하는 것을 생각하려면 그저 겉모습만 보고 생각하는 것보다는 훨씬 더 큰 노력이 필요하다. 겉모습만 보고 그것을 토대로 생각하기는 쉽다. 반면 겉모습에 현혹되지 않고 진실을 생각하는 것은 고된 일이며, 그 어떤 일보다 많은 면에서 소모적이다.

대부분의 사람들은 꾸준히, 그리고 일관되게 생각하는 것을 기피하고 그 과정을 일이라고 간주한다. 실제로 이 세상에서 가장 어려운 일이기도 하다. 특히 겉으로 보이는 것이 진실이 아니면 더욱 그렇다. 이 세상에서 가시적으로 보이는 모든 것은 그것을 관찰하는 마음을 반영한 형상이다. 진실을 생각해야 겉모습으로만 판단하지 않고 진실을 볼 수 있다.

실제로 아프지 않은데도 병들어 보인다고 생각하면 마음속에 병의 형상이 만들어져 결국 병이 들고 만다. 그 생각을 하기 전까지는 실제로 건강했는데도 말이다.

가난은 진실이 아니라는 생각을 품지 않는 이상 가난을 바라보다 보면 마음에 가난이라는 형

상이 생겨난다. 실제는 가난이 아닌 풍요만 가득
하다.

주변에 질병과 가난이 가득한 상황에서 건강과
부를 생각하기란 쉽지 않다. 노력과 힘이 필요하
다. 즉, 진실을 볼 줄 아는 능력을 갖춘 사람은 운
명을 거스르고 원하는 것을 얻을 수 있는 진정한
정복자가 될 수 있다. 이 능력을 얻을 수 있는 유
일한 방법은 겉모습 뒤의 진실을 파악하는 것이
다. 그리고 만물의 근원이 되는 단 하나의 물질이
있다는 사실을, 이 근원 물질에 깃든 모든 생각
은 형상화된다는 사실을 이해해야 한다. 그래야
만 자신의 생각을 근원 물질에 전달하고 형상화
해 가시적인 결과물을 만들어 낼 수 있다.

이 사실을 진정으로 이해한다면 어떠한 의심이
나 두려움이 사라지게 된다.

원하는 것을 만들어 낼 능력이, 원하는 것을 가질 능력이, 되고 싶은 것을 될 능력이 자신에게 있다는 사실을 알게 되니 말이다. 부자가 되는 첫 번째 단계는 앞에서 언급한 세 가지 기본 명제를 믿는 것이다. 그만큼 중요한 것이니 다시 한 번 이 기본 명제를 살펴보자.

- 모든 것의 근원이 되는 사고하는 근원 물질이 존재한다. 그리고 이 물질은 가장 원초적인 상태로 우주의 곳곳에 스며들고, 침투하여 모든 공간을 그득 채운다.

- 이 물질에 깃든 생각은 그 생각이 나타내는 이미지를 형상화한다.

- 사람은 무형의 근원 물질에 자신의 생각을 각인시켜 생각을 형상화해 실제 물체로 만들어 낼 수 있다.

앞에서 다룬 일원론적 우주론을 제외한 다른 모든 개념은 차치하고, 이 기본 명제가 마음에 진정으로 각인될 때까지 고심하고 또 고심해야 한다. 습관으로 자리 잡을 정도로 말이다. 이러한 기본 명제를 반복해서 읽고 문장을 외우고, 그 단어들이 의미하는 바를 진정으로 믿을 수 있을 때까지 곱씹어야 한다. 조금이라도 의심이 피어난다면 죄악으로 여겨야 한다.

이 주장을 반대하는 입장은 들어서도 안 된다. 이 주장에 반대되는 것을 가르치고 설교하는 강의나 교회에는 발을 들어서도 안 된다. 이 주장을 반대하는 입장을 내세우는 글은 읽지 않아야 한다. 이 믿음과는 다른 믿음이 조금이라도 들어오게 되면 그간의 모든 노력이 헛수고가 된다.

왜 사실인지 의심하지 말고 어떻게 사실이 될

수 있는지조차 고민해서는 안 된다.

그저 믿어야 한다.

부자가 되는 과학은 이것을 온전히 절대적인 믿음으로 받아들이는 데에서 시작한다.

> ❝
>
> 나는 평생 돈을 버는 데 미쳐 있었다.
>
> 그러나 돈을 버는 것보다 중요한 것은 확실한 목표를
>
> 정하고 그것을 성공시키는 일이었다.
>
> – 넬리어스 밴더빌트 –
>
> ❞

5장

품성한 삶을 향하여

가난이 신의 뜻이라는
생각 또는 가난함으로써 나의 몫을
다할 수 있다는 생각을 모조리
버려야 한다.

가난이 신의 뜻이라는 생각 또는
가난함으로써 나의 몫을 다할 수 있다는
생각을 모조리 버려야 한다.

지적인 근원 물질은 만물 그 자체로, 모든 만물
안에 존재한다. 그리고 근원 물질은 만물을 이루
는 우리 안에도 존재한다. 따라서 근원 물질은 의
식을 가진 살아 있는 존재이다.

근원 물질은 모든 살아 있는 지적 존재가 더욱

풍성한 삶을 누리고자 하는 자연스러운 욕구를 가지고 있다. 생명이 있는 모든 것은 끊임없이 더욱 풍성한 삶을 추구한다. 살아있다는 행위 그 자체만으로도 삶은 더욱 발전하고 풍성해져야 하기 때문이다.

흙 위로 떨어진 씨앗은 활짝 피어난다. 살아있기에 수백 개의 씨앗을 더 만들어내고, 증식한다. 생명은 그렇게 끊임없이 증식한다. 씨앗이 씨앗으로 살아가려면 반드시 그래야만 한다.

우리의 지성도 마찬가지로 필연적으로 끊임없이 커지고 많아져야 한다.

우리가 떠올리는 모든 생각은 반드시 다른 생각을 떠올리게 만드는데, 의식은 계속해서 확장되기 때문이다. 우리가 배우는 모든 사실로 인해 우리는 또 다른 사실을 배우게 되고, 지식 역시 계속해서 증가한다. 우리가 가진 재능을 통해 다른 재능을 가지고자 하는 마음이 피어난다.

우리는 본능적으로 살기를 원하고, 더 많은 것을 표현하기를 원한다. 그렇기에 더 많은 것을 알고, 더 많은 것을 하고, 더 많은 것이 되기를 원한다. 이처럼 더 많은 것을 알고, 하고, 되려면 가용할 자원이 반드시 있어야 한다. 자원, 즉 물질을 사용해야만 배우고, 하고, 될 수 있기 때문이다. 결국 더 나은 삶을 위해서 우리는 부자가 되어야 한다.

부자가 되고 싶다는 욕구는 더 풍성한 삶을 성취할 수 있다는 능력이 있음을 나타낸다. 모든 욕구는 아직 표출되지 않은 잠재력을 마음껏 내비치고자 하는 노력이다.

드러내고자 하는 바람은 욕구로 나타난다. 돈

을 더 많이 갖고자 하는 욕구는 식물을 자라게 하는 힘과도 같다. 생명력, 그것을 더 많이, 더 크게 나타내고자 하는 욕구다. 살아 있는 근원 물질 역시 모든 생명의 법칙을 따른다. 더 많이, 더 풍성하게 살고자 하는 욕구가 이 물질에도 깊이 내재되어 있는 것이다. 그렇기에 더 많은 것을 창조하고자 하는 필요성을 느낀다.

근원 물질은 우리 안에서 더 풍성하게 살기를 원한다. 그렇기에 우리가 사용할 수 있는 모든 자원을 가지고 싶어 한다. 신은 우리가 부자가 되기를 원하는데, 우리가 더 많은 것을 가지고 있으면 우리를 통해 신 그 자신을 더 많이 드러낼 수 있기 때문이다. 우리가 삶의 수단을 마음껏 사용할 수 있으면 신이 우리 안에 더욱 충만할 수 있기 때문이다.

우주는 우리가 원하는 모든 것을 가질 수 있기를 바란다.

자연은 우리가 세운 계획을 따뜻한 시선으로 바라본다.

우주 만물은 우리를 위해 존재한다.

이 모든 것이 진리라는 사실을 마음 깊이 새겨야 한다. 단, 우리의 목적은 만물의 목적에 부합해야 한다.

세속적인 쾌락을 누리는 만족이 아닌 진정한 삶을 추구해야 한다. 산다는 것은 어떠한 목적과 기능을 수행해 가는 과정이다. 우리가 진정으로 살 수 있는 유일한 방법은 너무 과하지 않게 할 수 있는 한에서 신체적, 정신적, 영적으로 최선을 다하는 것이다.

동물적인 욕망을 채우며 게으른 돼지처럼 살기

위해 부자가 되는 것은 옳지 않다. 그건 진정으로 산다고 할 수 없다. 하지만 육체적인 기능을 충족하는 것도 삶의 일부다. 육체적인 욕망을 마냥 억누르며 사는 것도 정상적이고 건강한 삶이라고 할 수는 없다.

단순히 정신적 쾌락을 즐기면서 지식을 쌓고, 야망을 충족하고, 다른 이들보다 앞서나가고, 명성을 얻기 위해서 부자가 되기를 바라서는 안 된다. 물론 이 모든 것은 정당하게 추구할 수 있는 삶의 목표이자 일부이지만, 지적 쾌락 그 자체만을 즐기기 위해서 사는 사람은 인생을 완전히 누린다고 할 수 없다. 그리고 절대 자신이 가진 것에 만족할 수도 없다.

다른 사람들의 이익이나 인류의 구원을 위해 자신을 희생해가며, 자선과 희생의 즐거움에만 빠져 부자가 되기를 바라는 것도 바람직하지 않다. 이러한 영적 즐거움 역시 인생의 전부라고 할 수 없으며 육체적, 정신적 즐거움보다 더 낫거나 고귀하다고 할 수 없다.

우리는 먹고, 마시고, 즐기면서 살기 위해 부자가 되길 바라야 한다.

곁에 아름다운 것들을 한가득 두고도 머나먼 곳을 여행하고, 마음의 양식을 채우고, 지적 능력을 개발하기 위해서 부자가 되길 바라야 한다. 다른 사람을 사랑하고, 친절을 베풀고, 진실을 찾는 데 세상에 기여할 수 있도록 부자가 되어야 한다. 하지만 극단적인 이타심은 극단적인 이기심보다 나은 것도, 고귀한 것도 아니라는 사실을 반드시 기억해야 한다. 이 두 가지 모두 해서는 안 될 실수다.

신은 우리가 다른 사람을 위해 자신을 희생하
길 바라며, 그래야만 신이 우리 편이 될 것이라는
생각을 버려야 한다. 신은 이런 것을 전혀 바라지
않는다.

신은 우리 자신을 위해, 그리고 타인을 위해 우
리가 할 수 있는 한에서 자신의 능력을 최대한 펼
치기를 바란다. 그 무엇보다 타인에게 가장 큰 도
움이 될 방법은 자신의 능력을 펼치는 것이기 때
문이다.

우리의 능력을 최대한 펼칠 수 있는 유일한 방
법은 부자가 되는 것이다. 그렇기에 부자가 될 방
법을 가장 우선적으로, 그리고 가장 깊이 고심하
는 것은 온전히 정당하고 칭찬받을 만하다.

단, 기억해야 하는 사실이 있다.

근원 물질은 만물, 즉 모두가 풍성한 삶을 살길

원한다. 그렇기에 근원 물질은 모두가 더 나은 삶을 풍성히 살 수 있는 지점을 향해 움직인다. 이와 반대되는 방향으로는 움직이지 않는다. 부와 더 풍성한 삶을 추구하는 것은 모두에게 공평하게 적용되는 것이니 말이다. 근원 물질은 우리의 이익을 위해 일하며, 필요한 것을 제공한다. 그렇다고 해서 다른 사람에게서 무언가를 뺏어서 우리에게 주지는 않는다.

경쟁이라는 개념도 머릿속에서 지워야 한다. 우리는 새로운 것을 만들어가는 것이지, 이미 만들어진 것을 두고 경쟁을 펼치는 것이 아니다. 그 누구에게서도 무언가를 뺏을 필요가 없다. 지나치게 흥정할 필요도 없고, 남을 속이거나 이용할 필요도 없다. 다른 사람이 나를 위해 일하면 일한 만큼 정당한 대가를 줘야 한다.

남의 재산을 탐내거나 부러운 눈빛으로 바라볼 필요도 없다.

다른 사람이 가진 것이라면 우리도 충분히 가질 수 있으며, 다른 사람에게 있는 것을 뺏을 필요가 없다. 경쟁하는 사람이 아닌 새로운 것을 창조해 내는 사람이 되어야 한다. 원하는 것이라면 얼마든지 얻을 수 있다. 단, 그것을 얻었을 때 다른 사람 역시 지금 가진 것보다 더 많은 것을 가질 수 있어야 한다.

우리는 지금까지의 주장과는 정반대의 방향으로 가면서도 막대한 부를 쌓는 사람도 있다는 것을 인지하고 있다. 이에 대해 설명을 조금 하고자 한다.

기득권 계급에 속한 사람이 엄청난 부를 축적하는 경우가 있는데, 이들은 순전히 치열한 경쟁의 장에서 놀라운 능력을 발휘해서 부자가 된다. 하지만 이들은 무의식적으로 자신을 근원 물질과 그 물질의 위대한 목적과 움직임에 부합하게 행동해 자신도 모르는 사이에 산업 성장을 통한 인류의 전반적 발전에 기여하고 있다. 록펠러, 카네기, J.P 모건과 같은 사람들은 생산성을 대표하는 산업을 만들고, 그것을 체계화하는 인류 발전에의 필수적인 일에 무의식적으로 기여했다. 이들의 업적은 인류 전체의 풍요와 발전에 크나큰 영향을 미쳤다. 하지만 이들의 시대는 거의 막바지 단계에 이르렀다. 이들은 생산을 체계화했지만 이제 곧 유통을 체계화 할 수많은 다른 이들에게 그 자리를 물려줄 것이다.

이러한 억만장자들은 선사시대의 거대한 파충류와 같은 존재다. 진화 과정에 필수적인 역할을 하지만, 그들을 생겨나게 한 그 동력으로 인해 결국 소멸하게 된다. 그리고 이들은 절대 처음부터 부자는 아니었다는 점을 기억해야 한다. 이들의 개인적인 삶에 대한 기록을 보면 대부분 가장 밑바닥부터 시작했다는 것을 알 수 있다.

치열한 경쟁의 장에서 획득한 부로는 결코 만족할 수도 없으며, 이런 부는 영원하지도 않다. 지금은 내 손에 들어와 있을지 몰라도 내일이면 다른 이의 손에 들어가 있을 수 있다. 확실하고 과학적인 방법으로 부자가 되고 싶다면 경쟁에 관한 생각에서 완전히 벗어나야 한다. 단 한순간도 공급이 유한하다고 생각해서는 안 된다.

돈이 경쟁의 대상이고 은행가와 다른 이들에게 독점된다고 생각해서 이 모든 과정을 멈추려고 법안을 통과시켜야 하는 데에 온 힘을 쏟아야 한다고 생각하는 순간, 경쟁의식에 휘말리게 된다. 그리고 이런 경쟁의식에 빠져 있는 동안은 새로운 것을 만들어 낼 힘이 사라진다. 더 최악인 것은 이미 생겨난 창조적 힘 역시 더 이상 힘을 발휘하지 못하게 된다는 것이다.

이 지구상의 저 수많은 산에는 아직 땅 밖으로 나오지 않은, 아직 세상의 빛을 보지 못한 수백만 달러 상당의 엄청난 금이 존재한다. 혹여나 그런 금이 없다고 하더라도 우리의 필요를 채우기 위해 근원 물질은 그 금을 필요한 만큼 채워준다. 필요한 돈은 반드시 생긴다. 당장 내일 수천 명의 사람이 새로운 금광에 가서 금을 캐야 하는 일이 있더라도 말이다.

가시적으로 보이는 것에 흔들리지 말고 근원 물질이 주는 무한한 부를 바라봐야 한다. 그리고 받고 사용할 준비가 된 만큼 빠르게 우리에게 오고 있다는 사실을 알아야 한다. 그 누군가 가시적인 부를 독점한다고 해도 마땅히 나의 몫인 부를 가져갈 수는 없다.

서두르지 않으면 다른 누군가가 내가 집 지을 땅을 가져갈 것이라고 단 한순간도 생각해서는 안 된다. 기업과 기득권이 모든 것을 차지할 것이라고 두려워할 필요도 없다. 다른 사람이 조금 더 빠르게 움직여 내가 원하는 것을 잃게 될 것이라고 전전긍긍할 필요도 없다. 절대 일어나지 않을 일이다.

우리는 다른 누군가의 손에 있는 무언가를 쫓는 것이 아니라 무형의 근원 물질을 통해 새로운 무언가를 만들어 낼 것이기 때문이다. 그리고 이 근원 물질이 주는 것은 무한하다. 다음의 명제를 깊이 마음에 새기길 바란다.

- 모든 것의 근원이 되는 사고하는 근원 물질이
  존재한다. 그리고 이 물질은 가장 원초적인 상
  태로 우주의 곳곳에 스며들고, 침투하여 모든
  공간을 그득 채운다.
- 이 물질에 깃든 생각은 그 생각이 나타내는 이
  미지를 형상화한다.
- 사람은 무형의 근원 물질에 자신의 생각을 각
  인시켜 생각을 형상화해 실제 물체로 만들어
  낼 수 있다.

> 부자가 되는 가장 가까운 길은
> 결국 부를 경영하는 데에 있다.
>
> – 세네카 –

> 66
>
> 부를 얻는 가장 확실한 방법은
> 자신의 가치를 증가시키는 것이다.
>
> – 제임스 라이언 –
>
> 99

6장

나를 향해 오는 부

원하는 것을 얻기 위해 지나치게
흥정할 필요는 없다.

원하는 것을 얻기 위해 지나치게
흥정할 필요는 없다.

그렇다고 아예 흥정할 필요가 없다는 의미는
아니다. 다른 사람과 아예 거래할 필요가 없다는
의미도 아니다. 불공정한 거래를 할 필요가 없다
는 의미이다. 아무 것도 주지 않고 무언가를 얻는
대신 오히려 받은 것 이상으로 상대에게 줄 수 있
다는 의미다.

모든 사람에게 내가 받는 것의 현금 가치 그 이상을 줄 수는 없겠지만, 받는 것의 현금 가치 그 이상을 이용 가치로 되돌려줄 수 있다. 이 책을 구성하는 종이, 잉크, 그리고 다른 재료의 가치를 보자면 이 책을 사기 위해 낸 돈의 금전적 가치보다 낮을 수 있지만, 이 책이 제시하는 주장을 따라 수천 달러를 벌게 된다면 결코 손해를 본 것이 아니다. 이 책을 판 사람은 우리가 낸 적은 금전적 가치에 비해 크나큰 이용 가치를 돌려준 것이다.

거장의 예술 작품을 소유하고 있다고 가정해보자.

일반적으로 그런 작품은 수천 달러를 호가할 것이다. 그 작품을 북극에 가져가 엄청난 판매 수완을 발휘해 그곳의 에스키모에게 500달러 상당의 모피를 받았다고 해보자.

어떻게 보면 에스키모에게 사기를 친 것과 다름이 없다. 에스키모에게는 그 작품이 아무런 쓸모나 가치가 없으니 말이다.

그 작품은 에스키모의 삶에 아무런 도움이 되지 않는다. 하지만 모피 값으로 50달러에 해당하는 총을 준다면 그건 바람직한 거래일 것이다. 에스키모에게 총은 쓸모 있는 물건으로, 모피와 음식을 구하는 데 도움이 되니 말이다. 여러모로 그들의 삶에 도움이 될 것이고, 이 거래로 얻은 총을 통해 에스키모는 부자가 될 것이다.

경쟁의 장에서 벗어나 무언가를 창조하는 단계로 올라서면 내가 거래하는 방식을 엄격한 눈으로 살펴볼 수 있다. 거래할 때 상대가 나에게 주는 것에 비해 나는 상대의 삶에 도움이 되지 않는 것을 판매한다면 그 거래는 멈추는 것이 바람직하다. 사업은 누군가를 앞서나가거나 이겨야 하는 것이 아니다. 그런 사업을 하고 있다면 당장 멈춰야 한다. 상대가 나에게 주는 물건의 현금 가치보다 이용 가치 측면에서 더 큰 것을 줘야 한다. 모든 거래를 통해 이 세상을 이롭게 만드는 데 기여해야 한다.

당신이 고용한 직원의 임금으로 나가는 금전적 가치보다 더 큰 현금 가치를 얻어내야 한다. 하지만 그 무엇보다 성장을 사업의 가장 기본적인 원칙으로 두고 모든 직원이 사업체를 통해 매일 조금씩 어제보다 오늘 더 나은 사람이 되도록 사업을 운영하는 것이 바람직하다.

이 책이 부자가 되는 데 도움이 되듯 사업 역시 직원에게 그런 도움이 되어야 한다. 사업을 운영하는 방식은 사다리와 같다.

기꺼이 사다리를 오르는 수고를 감내하는 직원은 부자가 될 수 있지만, 사다리를 오를 기회가 눈앞에 있는데도 불구하고 오르지 않는다면 그건 사업주의 잘못이 아니다.

마지막으로 환경 곳곳에 스며든 무형의 근원 물질의 도움으로 부를 새롭게 만들어낸다는 것은 갑자기 하늘로부터 어떤 형상이 내려와 눈앞에 나타난다는 의미는 아니다.

예를 들어, 재봉틀을 갖고 싶어서 근원 물질에 재봉틀에 관한 생각을 각인시킨다고 해서 난데없이 나타나지는 않는다. 재봉틀을 원한다면 정말 확신을 가지고 재봉틀이 만들어지고 있거나 재봉틀이 나에게 오는 중이라고 믿으며, 머릿속으로 재봉틀을 떠올려야 한다.

반드시 오리라고 조금도 의심하지 않고 절대적

으로 믿어야 한다.

그 외의 다른 생각은 떠올리지도, 입 밖으로 내서도 안 된다. 이미 그 재봉틀이 내 것인 것처럼 믿어야 한다.

사람의 마음을 움직이는 근원 물질로 인해 재봉틀은 반드시 당신에게 온다. 미국 메인주에 살고 있다면 텍사스나 일본에서 온 어떤 사람과 거래하는 등 어떠한 과정을 통해서든 결과적으로 당신이 원하던 것을 얻게 된다. 그리고 그 거래는 나에게는 물론 그 거래에 임하는 상대에게도 이득이 된다.

사고하는 근원 물질은 모든 것을 통하고, 모든 것에 존재하고, 모든 것과 소통하고, 모든 것에 영향을 미친다는 사실을 잠시도 잊어서는 안 된다. 근원 물질은 더 풍성하고 더 나은 삶을 갈

망하기 때문에 이미 존재하는 모든 재봉틀을 만들어왔다. 그리고 앞으로도 더 많은 재봉틀을 만들어 낼 것이다. 누군가 원하고 믿어 근원 물질을 움직이게만 한다면, 그리고 부자의 방식으로 행동하기만 한다면 말이다. 원하고 믿으면 집에 재봉틀이 생겨난다. 재봉틀뿐만 아니라 원하는 것이라면 무엇이든 가질 수 있다. 그것을 가진 나와 다른 이들의 삶의 풍요와 발전을 위해 사용하기만 한다면 말이다.

주저하지 않고 더 많은 것을 요구할 수도 있다. 근원 물질은 우리가 살아가는 동안 최대한 많은 것을 실현하길 원하며, 가질 수 있는 모든 것, 그리고 더 풍성한 삶을 위해 사용할 수 있는 모든 것을 가지길 원한다. 부를 갖고자 하는 욕망이 사는 동안 더욱 많은 것을 실현하길 원하는 전지전

능한 신의 욕망과 부합한다고 의식적으로 마음에 새기면 결국 그 믿음은 절대 깨지지 않을 만큼 굳건해진다.

언젠가 피아노 앞에 앉은 한 소년을 본 적 있다. 그 소년은 피아노 건반을 두드려 아름다운 소리를 내려고 부단히 노력했지만, 결코 아름답지 못했다. 소년은 풀이 죽은 채 진정한 음악을 연주하지 못한다는 사실에 절망하고 있었고, 그에게 왜 그렇게 기분이 상했는지 물어보자 그는 이렇게 대답했다. "제 안에 음악이 있다는 건 분명히 느껴지는데 손이 제 마음만큼 움직이지 않아요." 그 소년이 느낀 음악이 바로 근원 물질의 욕망이다. 삶의 모든 무한한 가능성을 품고 있는 그 욕망이다. 음악으로 나타난 그 욕망은 소년을 통해 드러나고자 했다.

유일무이한 근원 물질인 신 역시 인간을 통해 살고, 일하고, 누리기를 원한다. "아름다운 구조물을 짓고, 거룩한 음악을 연주하고, 영광을 드러내는 그림을 그릴 손이 필요하다. 나 대신 움직여 줄 다리, 내가 지은 세상의 아름다움을 볼 눈, 진리를 전파하고 나의 영광을 전달할 입이 필요하다"라고 신은 말하는 것이다.

신은 이 세상에 드러나지 않은 모든 잠재력, 즉 가능성이 사람을 통해 드러나길 바란다. 신은 음악을 연주할 수 있는 사람에게 피아노와 다른 악기를 주길 원한다. 이처럼 자신의 재능을 온전히 드러낼 방법을 찾길 원한다. 아름다움을 감상할 줄 아는 사람은 곁에 아름다운 것들로 가득 채우길 바란다. 진리를 구별하는 판별력이 있는 사람은 이 세상을 여행하고 관찰할 모든 기회를 얻길 바란다. 좋은 옷을 알아보는 사람은 좋은 옷을 입길 바란다. 그리고 맛있는 음식의 가치를 알아보는 미식가는 그만큼 좋은 음식을 먹길 바란다.

신이 이 모든 것을 원하는 이유는 결국 그것을 누리고 즐기는 존재가 바로 그 자신이기 때문이다. 음악을 연주하고, 노래하고, 아름다움을 한껏 향유하고, 진리를 선포하고, 가장 좋은 옷을 입고, 맛있는 음식을 먹길 원하는 것은 다름 아닌 신이다.

부자가 되고 싶은 욕망은 결국 신의 욕망이다. 즉, 인간을 통해 자신을 드러내고자 하는 욕망이다. 피아노 앞에 앉은 소년을 통해 자신을 드러내길 원했던 것처럼 말이다. 그렇기에 우리는 충분히 더 많은 것을 요구할 수 있다. 우리의 몫은 신의 욕망에 초점을 맞춰 그 욕망을 드러내는 것이다.

　대부분의 사람이 이를 어렵게 생각한다. 신이 가난과 자기희생에 기뻐한다는 낡은 생각을 버리지 못하는 것이다. 가난을 마치 신의 계획이자 삶의 필수적인 요소로 간주한다. 신이 할 수 있는 모든 일을 끝내고, 만들 수 있는 모든 것을 만들고 나서는 모든 사람에게 돌아갈 물질이 충분하지 않기 때문에 대부분의 사람은 가난해야 한다고 생각한다. 이런 틀린 생각 때문에 부자가 되게 해달라고 요구하는 것을 부끄럽게 여긴다. 적당한 수준으로 만족하고 그 이상을 요구할 생각을 하지 않는다.

　한 학생에게 이런 말을 한 적이 있다.

　무형의 근원 물질에 창의적인 생각이 각인되도록 원하는 것을 명확하게 마음속으로 그려야 한다고 말이다.

셋집에 사는 그는 하루 벌어 하루 먹고 사는 형편으로, 부자가 될 수 있다는 생각을 감히 해보지 못한 사람이었다. 고심 끝에 그는 그나마 상태가 가장 괜찮은 방에 깔 카펫과 추운 날씨에 몸을 녹일 난로 정도만 요구하기로 했다. 이 책에서 제시하는 주장을 그대로 따른 그 학생은 몇 달 후 원하던 카펫과 난로를 구하게 되었다.

그제야 그는 충분히 요구하지 않았다는 사실을 깨달았다. 그는 집을 천천히 둘러보며 고쳐야 할 부분을 정리하기 시작했다. 머릿속으로 이곳에는 창문 하나를 달고, 저곳에는 방을 하나 만들어 이상적인 집의 구조를 세우고, 가구 배치까지 생각해냈다. 전체적인 그림을 그린 그는 부자의 방식을 따르며 자신이 원하던 것을 향해 움직이기 시작했다.

　그는 이제 세를 들어 살던 집을 소유해 머릿속으로 그렸던 그대로 집을 고쳐나가고 있다. 그리고 더 큰 믿음을 가지고 더 많은 것, 더 위대한 것을 바라고 있다. 그는 믿은 만큼 받았다. 우리 모두 그렇게 될 수 있다.

7장

감사의 법칙

'감사하기'는 신의 마음에
부합하도록 맞춰가고 속죄하는
이 모든 과정은 한 단어로 설명한
것이다.

'감사하기'는 신의 마음에
부합하도록 맞춰가고 속죄하는
이 모든 과정은 한 단어로
설명한 것이다.

부자가 되는 가장 첫 번째 단계는 무형의 근원 물질에게 원하는 바를 요구하는 것이라는 사실을 배웠다. 이는 분명한 사실이며, 그렇게 하려면 근원 물질과 조화로운 관계를 맺어야 한다.

조화로운 관계를 맺는 것은 가장 우선적으로 해야 하는 중요한 일이라 특별히 더 깊이 다루고자 한다. 세세한 지침을 제시할 예정인데, 그 지침을 따르기만 하면 신의 마음과 완벽하게 부합할 수 있다.

신의 마음에 부합하도록 맞춰가고 속죄하는 이 모든 과정은 한 단어로 설명할 수 있다. 바로 감사다.

- 우선 단 하나의 근원 물질이 있음을, 그리고 그 존재가 만물을 만들었음을 믿어야 한다.
- 이 물질은 우리가 원하는 모든 것을 준다는 것을 믿어야 한다.
- 마지막으로 이 물질과 조화로운 관계를 맺을 방법으로, 진심으로 깊이 감사하는 마음을 가져야 한다.

모든 면에서 삶을 바르게 살면서도 가난에서 벗어나지 못하는 사람이 많다. 그 이유는 충분히 감사하지 않기 때문이다. 선물을 받았음에도 불구하고 그 선물이 신에게서 온 것이라고 인정하지 않고, 감사하지 않아 신과의 연결고리를 스스로 끊어버린다. 부의 근원에 가까이 머물수록 더 많은 부를 받을 수 있다는 사실은 어쩌면 당연하다. 그리고 감사하는 마음을 갖지 않는 사람보다는 감사하는 삶을 사는 영혼은 신에게 한결 가까워질 수 있다.

좋은 일들이 생길 때 신에게 감사하는 마음이 크면 클수록 더 많은 것을 빠르게 받을 수 있다. 이유는 간단하다. 감사하는 태도를 통해 축복의 근원과 더욱 가까워질 수 있기 때문이다.

감사하는 마음이 우주의 창조적 기운과 더 가

깝게 만들어준다는 주장이 새롭게 느껴진다면 한 번 고심해 보길 바란다. 이내 사실이라는 것을 깨닫게 될 것이다. 이미 우리가 가진 좋은 것들은 부자의 방식을 따랐기 때문에 얻은 것이다. 감사는 좋은 것이 나오는 곳으로부터 우리를 이끌어주며, 창의적으로 사고할 수 있게 하고, 경쟁의식에 빠지지 않도록 돕는다.

오직 감사하는 마음만이 무한한 만물을 바라볼 수 있게 하고, 자원의 공급은 제한되어 있다는 잘못된 생각, 바라는 바를 이루는 데 아무런 도움이 되지 않는 그릇된 생각을 하지 않게 해준다.

감사의 법칙이라는 것이 있다.

이는 우리가 원하는 결과를 얻고자 한다면 반드시 면밀히 살펴봐야 하는 법칙이다. 감사의 법칙은 작용과 반작용의 힘은 항상 동일하지만, 서로 반대 방향을 향한다는 자연의 이치다. 절대적인 존재에게 감사의 찬사를 보내는 것은 힘을 배출, 즉 내보내는 것이다. 그리고 그 힘은 반드시 내보내는 그 대상에게 닿는다. 그 결과 반작용으로 즉각적인 힘이 우리에게 되돌아온다. "신을 가까이 하라 그리하면 신도 너희를 가까이 하리라." 이것은 진리이다.

진심으로 꾸준히, 그리고 깊이 감사하면 무형의 근원 물질 역시 그에 상응하는 반응을 보인다. 원하는 것의 움직임은 항상 우리를 향하게 되는 것이다. 감사하는 마음 없이는 큰 힘을 발휘할 수 없다. 감사하는 마음이 바로 신과 우리를 연결해 주는 요소이기 때문이다.

감사의 가치는 단순히 미래에 더 많은 축복을 받는 것에 그치지 않는다. 감사하는 마음을 갖지 않으면 현재 상황에 만족하지 못하게 된다. 현재 자신이 처한 상황에 만족하지 못하는 마음에서 헤어 나오지 못하는 순간 모든 것이 무너지기 시작한다. 평범하고, 일반적이고, 가난하고, 지저분하고, 초라한 것에 눈길과 마음을 두게 되면 마음은 보는 것을 형상화한다. 이 형상은 무형의 근원물질에 전달되고 결국 평범하고, 일반적이고, 가난하고 초라한 것들이 우리를 찾아오게 된다.

열등한 것에 마음을 두면 우리는 열등한 존재가 되고, 주변에도 열등한 것만 가득하게 된다. 반대로 가장 좋은 것에 관심을 가지면, 가장 좋은 것들만 곁에 모이게 되고 가장 좋은 모습으로 살아갈 수 있다. 모든 사람 안에 있는 창조의 능력으로 우리가 관심을 두고, 마음을 두는 것의 형상대로 빚어진다.

우리는 사고하는 물질이다.

사고하는 물질은 언제나 사고하는 그것을 형상화한다.

감사하는 마음을 가지면 가장 좋은 것만을 바라보기에 가장 좋은 것이 될 수밖에 없다. 모습으로나 성질로나 가장 좋은 것이 되고, 가장 좋은 것만을 받는다.

또한 믿음도 감사함에서 나온다. 감사하는 마음을 가지면 기대를 품게 되고, 그 기대는 믿음이 된다. 감사의 반작용으로 믿음이 생기고, 감사하는 마음이 밖으로 표출될 때마다 믿음이 자라난다. 감사하지 않는 사람 속에 살아 있는 믿음은 오래 갈 수 없다. 그리고 살아 있는 믿음 없이는 창조적 방식으로 부자가 될 수 없다. 이에 대해서는 다음 장에서 자세히 살펴보자.

주어지는 모든 좋은 것에 감사하는 마음을 습관처럼 가져야 한다.

계속해서 꾸준히 감사해야 한다. 만물 모든 것이 우리의 성장과 발전에 도움이 되었기 때문에 그 모든 것에 감사함이 옳다.

기득권의 단점이나 허물을 생각하고, 이에 대해 이야기하는 것은 시간 낭비일 뿐이다. 그들이 이 사회를 이 정도로 만들었기에 우리에게도 기회가 온 것이다. 지금 우리가 가진 모든 것은 그들 덕이다. 부패한 정치인에게도 분노할 필요가 없다. 그들이 없었다면 우리 사회는 무정부 상태로 더욱 혼란스러워졌을 테고, 우리에게 올 기회는 훨씬 줄어들었을 것이다.

신이 인내하며 오랜 기간에 걸쳐 일해 왔기에 지금 수준의 경제와 정부를 누리고 있는 것이다.

때가 되면 신은 부패한 재계의 거물이나 산업지
도자, 정치인들을 처단할 것이다. 하지만 그 시기
가 오기 전까지는 그들은 우리에게 유익한 존재
이다. 우리에게 부를 가져다주는 모든 경로를 그
들이 마련하고 있기 때문이다. 그렇기에 그들에
게 감사해야 한다. 감사하는 마음은 모든 면에서
우리를 좋은 것들과 같은 방향을 바라보게 하며,
모든 좋은 것들이 우리를 향해 움직이게 한다.

8장

생각은 부자의 방식대로

부자가 되기 위해 가장 먼저 해야
하는 것은 원하는 것을 정확하고
명확하게 머릿속으로
그리는 것부터이다.

부자가 되기 위해
가장 먼저 해야 하는 것은 원하는 것을
정확하고 명확하게 머릿속으로
그리는 것부터이다.

6장의 내용을 떠올려 보자. 머릿속으로 자기가 원하는 집을 그리다가 결국 그 집을 가지게 된 남자의 이야기 말이다. 이 이야기를 통해 부자가 되기 위해서는 무엇을 가장 먼저 해야 하는지 알 수

있다. 바로 원하는 것을 정확하고 명확하게 머릿속으로 그려야 한다는 것이다.

자기가 무엇을 원하는지 정확하게 알아야만 그 생각을 근원 물질에 전달할 수 있고, 근원 물질에 생각을 내보내기 전에 자기 안에 먼저 명확하게 그 그림을 가지고 있어야 한다. 많은 이들이 근원 물질에 생각 내보내기를 실패하는데 그 이유는 하고 싶은 것, 갖고 싶은 것, 되고 싶은 것에 대한 생각이 흐릿하고 명확하지 않기 때문이다.

'적당하게 살기 위해' 부자가 되고 싶은 마음은 지극히 평범하다. 누구나 갖고 있는 평범한 욕구이다. 여행을 하고, 무언가를 보고, 더 오래 살고자 하는 바람으로는 충분하지 않다. 모두가 그런 것을 바란다. 친구에게 편지를 보낼 때 알파벳을 순서대로 보내고선 그것이 무엇을 의미하는지 친구에게 스스로 알아내라고 하진 않는다. 사전에서 무작위로 단어를 찾아 보내지도 않는다. 친구에게 편지를 보낼 때 우리는 특정한 의미가 담긴 말이 되는 문장을 보낸다. 근원 물질에 자신의 바람을 알리고 싶다면 논리 정연한 의미가 있는 말로 전달해야 한다. 그러려면 우선 자기가 무엇을 원하는지 명확하게 알아야 한다.

흐릿하고 모호하게 무언가 원하기만 해서는 절대 부자가 될 수도, 창조적 힘을 발휘할 수도 없다. 그렇기에 남자가 집을 둘러보며 어떤 것을 고치고, 궁극적으로 어떤 집을 원하는지 바람을 구체화했던 것처럼 자신의 욕망을 다시 살펴봐야 한다. 자신이 원하는 바가 모두 이뤄졌을 때 그 모습을 바라보는 것처럼 구체적이고 명확한 바람을 머릿속으로 그려야 한다. 그리고 그 그림을 꾸준히 마음속에 간직해야 한다. 항해사가 배를 운전할 때 도착해야 할 항구를 항시 마음에 두는 것처럼, 키잡이가 나침반에서 눈을 떼지 않는 것처럼 그 그림을 항상 바라봐야 한다.

그렇다고 해서 집중하는 훈련을 하거나 묵언수행을 하는 등 특별한 의식을 할 필요는 없다. 그저 원하는 바가 무엇인지 알고 마음에서 떠나지 않을 만큼 간절하게 원하는 것으로 충분하고, 시간 나는 대로 그 그림을 떠올리면 된다. 진심으로 신경을 쓰지 않는 일에 집중하기 위해서 훈련이 필요할 수도 있지만, 간절히 원하는 것을 떠올리는 일은 굳이 어떤 훈련을 하지 않아도 저절로 되는 것이다.

부자가 되고 싶은 간절한 마음은 자력이 나침반 바늘을 움직이듯 온 마음이 그 열망을 향할 정도로 강하지 않다면, 이 책에서 제시하는 방법을 따라 해도 큰 의미는 없다. 이 책에서 제시하는 내용은 정신적 나태함을 이겨내고 쉬운 길을 따르지 않고, 정말 노력하고 실천할 만큼 부자가 되고 싶은 열망이 강렬한 사람을 위한 것이다. 궁극적으로 원하는 것에 대한 그림이 명확하고 구체적일수록, 그리고 그 그림에 마음을 많이, 오래 쏟아 정말 현실이 된 것처럼 생생해질수록 열망은 강해진다. 그리고 열망이 강해질수록 자신이 그린 그 그림에 마음을 쏟기 쉽다.

하지만 그저 명확한 그림을 그리는 것 이상으로 더 필요한 것이 있다. 그저 그림을 그리는 것에만 그친다면 몽상가에 불과하고, 몽상가에게는 그 그림을 현실화할 능력이 거의 없다. 명확한 비전은 그 비전을 현실화 할 목적의식으로 뒷

받침되어야 한다. 실제로 그 비전을 현실로 만들 힘 말이다. 그리고 그 목적의식 뒤에는 그 무엇에도 굴하지 않고 흔들리지 않는 믿음이 있어야 한다. 그 그림이 이미 내 것이라는 믿음 말이다. 손만 뻗으면 내 것이 될 수 있다는, 이미 내 것이라는 믿음 말이다. 마음속으로 이미 새집에 살고 있다고 생각해야 한다. 실제로 그 집에 살게 될 때까지 마음속으로는 원하는 것을 지금부터 마음껏 누려도 된다.

원하는 것이 이미 곁에 존재하는 것처럼 여기고, 내가 이미 그것을 소유하고 사용하고 있는 것처럼 생각해야 한다. 실제로 그것이 내 소유가 되었을 때 사용하는 모습 그대로 마음속으로 사용하기 시작해야 한다. 명확하고 구체적인 그림이 될 때까지 원하는 것을 계속 마음속으로 바라고 그려나가는 것이다. 그리고 마음속으로 그것이 내 것이라고 온전히 믿어야 한다. 실제로 그것이 내 것이 될 때까지 이 정신적 소유권이 실제라는 믿음을 단 한 순간도 져버려서는 안 된다.

감사에 대해 얘기했던 것도 떠올려 보자.

원하던 것이 기대한 대로 형상화되었을 때 충분히 감사해야 한다. 상상 속에서만 가진 것만으로도 진심으로 감사할 수 있는 사람의 믿음은 진실하다고 할 수 있다. 그런 사람은 부자가 될 수 있으며, 원하는 것이라면 무엇이든 만들어 낼 능력이 있다.

원하는 것을 위해 반복해서 기도할 필요도, 매일 신에게 원하는 것이 무엇인지 말할 필요도 없다. 우리는 그저 더 나은 삶에 기여하는 것들을 바라야 한다.

바람은 하나의 큰 공통된 목적에 부합해야 하며, 그 하나의 바람을 무형의 근원 물질에 전달해야 한다. 이 근원 물질은 우리가 원하는 것을 가져다줄 힘과 의지가 있다.

비전을 달성하겠다는 흔들리지 않는 목적의식과 반드시 달성하고야 말겠다는 굳건한 믿음이 필요하다. 말로만 하는 믿음이 아니라 반드시 믿는 대로 행동할 때 응답받을 수 있다.

소리 내어 하는 기도가 나쁘다는 말은 아니다. 특히 자신의 비전을 명확히 하고 믿음을 굳건히 하는 데 그 효과가 있다. 하지만 말만으로 원하는 것을 얻을 수는 없으며, 부자가 되기 위해서 필요한 것은 끊임없는 기도다.

여기서 말하는 기도란 비전이 형상화되어 현실이 된다는 목적의식을 가지고, 실제로 그 바람이 이뤄질 거라는 믿음을 가지고 자신의 비전을 놓지 않는 것을 말한다.

명확한 비전을 세운 다음부터는 받는 것만 생각하면 된다.

비전을 세우고, 기도의 말로 그 비전을 전달했다면 그 순간부터는 구한 것을 받아야 한다. 새집으로 이사하고, 멋진 옷을 입고, 최고급 차를 타고, 좋은 곳으로 여행을 떠나고, 담대히 더 위대한 여정에 대한 계획을 세워도 된다.

바란다고 말했던 모든 것이 실제로 내 것이 된 것처럼 요구해야 한다. 내가 원하는 환경과 재정 상태를 구체적으로 정확히 말해야 한다. 그리고 바라던 환경과 재정 상태에 이미 있는 것처럼 살아가야 한다.

하지만 망상가나 공상가처럼 꿈만 꿔서는 안

된다. 마음속 그 바람이 현실이 된다는 믿음과 그 믿음을 현실화하기 위한 목적의식을 가지고 살아가야 한다. 과학자와 몽상가의 차이는 바로 상상한 것을 현실화하는 데 믿음과 목적의식을 어떻게 활용하느냐에 달려 있다. 이제 다음 단계로 의지를 어떻게 사용해야 하는지 배워보자.

66

사람들은 올바른 이성과 양심을 닦기 위해

애쓰는 것보다 몇 천 배 재물을 얻고자 하는 일에

심혈을 기울인다.

하지만 우리의 참된 행복은 우리 자신 속에

있는 것이지, 옆에 있는 물건이 아니다.

– 쇼펜하우어 –

99

9장

의지로 믿음 지켜내기

과학적인 방법으로 부자가 되려면
자신 이외에는 의지력을
사용해서는 안 된다.

과학적인 방법으로 부자가 되려면
자신 이외에는 의지력을
사용해서는 안 된다.

타인에게 자신의 의지력을 행사해 자기가 원하
는 대로 행동하게 만드는 것은 옳지 않은 일이다.
정신적 힘을 타인에게 행사하는 것은 옳지 않다.

물리적 힘을 행사하는 것이 상대를 노예 취급
하는 것이라면 정신적 힘을 사용하는 것 역시 방

법만 다를 뿐 이와 크게 다르지 않다. 물리적 힘을 행사해 상대로부터 무언가를 갈취하는 것은 절도다. 정신적 힘으로 갈취하는 것 역시 절도라고 할 수 있다. 원칙적으로 다를 바가 없다.

우리에게는 타인에게 의지력을 행사할 권리가 없다. 설사 상대를 위해서 그렇다 하여도 말이다. 상대에게 무엇이 좋은 것일지 우리가 알 방도가 없다. 부자가 되는 과정에서는 그 누구에게도 어떤 방법으로든 힘을 행사할 필요가 전혀 없다. 오히려 타인에게 의지력을 행사하면 부자가 되는 목적이 흐려지고 사라질 뿐이다.

사람뿐만 아니라 사물에도 마찬가지다. 원하는 것을 얻으려고 사물에게 의지력을 행사할 필요는 없다. 그건 신에게 무언가를 강요하는 것과 다름없으며, 어리석고 무의미한 짓일뿐더러 모욕적이기까지 하다.

내 의지로 해를 뜨게 할 수 없는 것처럼 강요한다고 되는 일이 아니다. 내 말을 들어주지 않는다고 해서 내 의지로 말을 듣게 만들 수도 없으며, 내 의지대로 행동하지 않는 존재를 내가 원하는 대로 행동하게 만들 수도 없다. 근원 물질은 우리의 편이다. 우리가 무언가 원하는 마음보다 근원 물질이 그것을 알아서 우리에게 주고자 하는 마음이 더 크다. 부자가 되려면 의지력은 오직 자기 자신에게 행사해야 한다.

무엇을 생각해야 할지, 무엇을 해야 할지 알고 있다면 의지력을 발휘해 올바른 것을 생각하고 올바른 행동을 해야 한다. 스스로가 올바른 길에서 이탈하지 않고 그 길을 잘 따라가도록 의지력을 행사하는 것만이 의지력을 올바르게 행사하는 방법이다. 계속해서 부자의 방법으로 생각하고 행동하도록 의지력을 사용해야 한다.

나의 의지, 생각, 마음을 외부로 투사해 어떤 사물이나 사람의 행동을 이끌어내서는 안 된다. 자기 마음은 자신이 지켜야 한다. 마음은 자기 안에 있을 때 그 어디에서보다 더 많은 것을 이룰 수 있다. 마음은 원하는 것을, 그리고 믿음과 목적의식을 가지고 그 비전을 품기 위해 사용해야 한다. 그리고 그 마음을 올바른 길로 향하게 만들기 위해서 의지력을 사용해야 한다.

시간이 흘러도 믿음과 목적의식을 꾸준하게 유지한다면 더욱 빠르게 부자가 될 수 있다. 근원물질에 긍정적인 기운만 전달하기 때문이다. 부정적인 기운으로 그 긍정적인 기운을 희석시키거나 무효화하지 않기 때문이다.

믿음과 목적의식으로 그려낸 열망의 그림은 무형의 근원 물질에 전달되어 광활한 우주 전체로 퍼져나간다. 그리고 이 과정에서 만물이 우리의 열망을 이루기 위해 움직이기 시작한다. 살아 있는 모든 것, 살아 있지 않은 모든 것, 아직 이 세상에 만들어지지 않은 모든 것조차 우리가 원하는 것을 만들어내기 위해 움직인다. 모든 힘이 일제히 그 방향으로 작동하고, 모든 것들이 우리를 향해, 우리를 위해 움직이기 시작한다. 모든 곳의 많은 사람의 마음이 우리의 열망을 이루기 위해 필요한 일을 하려고 움직인다. 모든 이들이 무의식적으로 우리를 위해 일하기 시작한다.

믿음과 목적의식은 모든 것이 우리를 위해 일하도록 만드는 반면 의심과 불신은 모든 것을 그 반대 방향으로 움직이게 한다. 이 사실을 이해하

지 못하기에 많은 이들이 부자가 되려고 '정신과
학'에 빠지다가 결국 부자가 되는 데 실패한다. 의
심하고 실패할까 두려워하며, 걱정하고 불신에
사로잡혀 보내는 매초, 매 시간마다 조금씩 지적
능력을 갖춘 근원 물질의 영역으로부터 멀어진
다. 모든 약속은 오직 믿는 자에게 이뤄진다.

믿음은 이토록 중요하기에 우리는 마땅히 생각
을 지켜야 한다. 그리고 믿음은 우리가 무엇을 보
고 무엇을 생각하는지에 달려 있다. 그렇기에 우
리는 항상 무엇을 보고 무엇을 생각하는지에 신
경 써야 한다. 바로 여기서 의지력이 필요하다.
의지력을 통해서 어디에 관심을 둘지 스스로 결
정할 수 있기 때문이다.

부자가 되고 싶다면 가난에 눈을 돌려서는 안
된다.

원하는 것과 반대되는 것을 생각하면 원하는 것이 이뤄질 수 없다. 질병에 관심을 가지고 질병을 생각하면서 건강해질 수는 없다. 죄악을 연구하고 죄악만을 생각하면서 정의를 실현할 수 없다. 마찬가지로 가난에 눈을 돌리고 가난을 생각하면서 부자가 된 사람은 단 한 명도 없다.

질병을 연구하는 의약학 때문에 오히려 질병이 창궐하고, 죄악을 연구하는 종교가 죄악을 조장하고, 가난을 연구하는 경제학 때문에 참담한 결핍이 온 세상 가득해졌다. 가난에 대해서는 이야기하지도, 들여다보지도, 나와 관련지어서도 안 된다. 가난이 왜 생겨나는지 관심을 가질 필요가 없다. 결국 나와는 상관없는 일이니 말이다.

우리가 관심을 가져야 하는 것은 해결책이다. 자선 단체에서 자선 활동을 하는 것도 좋지 않다.

자선 행위는 가난과 결핍을 없애는 것을 목표로 하지만 실제로는 정반대의 일을 한다. 그렇다고 해서 냉정하고 매정하게 굴며 도움이 필요한 자들의 목소리를 무시하라는 것은 아니다. 다만 기존의 일반적인 방식으로 가난을 없애려는 시도를 하지 말라는 것이다. 가난과 관련된 모든 것은 뒤로 하고 '좋은 일'을 해야 한다. 부자가 되는 것, 그것이야말로 가난한 자들을 도울 가장 좋은 방법이다.

가난과 관련된 이미지로 마음을 가득 채우면서 부자가 될 그림을 그릴 수는 없다. 빈민가의 참상과 아동노동착취 등에 관한 글은 읽지 않는 것이 좋다. 고통과 결핍에 관련된 우울한 그림을 연상케 하는 것은 보지 않는 것이 좋다. 이런 것들을 안다고 해서 가난한 사람을 도울 수 없고, 가난을 많이 안다고 해서 가난을 없앨 수 없다. 진정으로 가난한 사람을 돕고 이 세상에서 가난을 없애는 데 기여하고 싶다면 가난을 생각하는 대신 가난한 사람으로 하여금 부를 생각하도록 만들어야 한다. 내 마음을 가난한 사람의 고통으로 가득 채우지 않는다고 해서 그들의 아픔을 외면하는 것은 아니다. 가난은 분명 없앨 수 있다. 더 많은 부자가 가난을 생각해서가 아니라 더 많은 가난한 사람이 자신이 부자가 된다고 믿어서 말이다.

가난한 사람이 필요한 것은 자선이 아니라 영감, 즉 자극이다. 자선은 그저 비참한 인생을 연명할 수 있도록 빵 한 조각을 주는 것 아니면 그저 한두 시간 고통을 잊기 위한 유흥을 제공하는 것에 불과하다. 반면 자극은 비참함에서 스스로 일어설 힘을 준다.

가난한 사람을 돕고자 한다면 부자가 되는 방법을 몸소 실천해서 보여주면 된다. 부자가 되어 부자가 되는 방법을 증명해 보이면 된다. 이 지구상에서 가난이 사라질 유일한 방법은 점점 더 많은 사람이, 궁극적으로는 모두가 이 책이 제시하는 방법을 실천하는 것이다.

경쟁이 아닌 창조적 마음가짐과 행동을 통해 부자가 되는 방법을 가르쳐줘야 한다. 경쟁을 통해 부자가 되는 사람은 자기가 올라탄 사다리를 부서뜨려 다른 사람이 그 사다리를 오르지 못하게 만든다. 하지만 창조적 행위를 통해 부자가 되는 사람은 다른 이들이 자신의 길을 따르도록 만들고, 자신처럼 되도록 영감을 부여한다.

가난을 목격하고, 동정하고, 가난에 대한 글을 읽지 않는다고 해서, 가난에 대해 생각하고 말하

지 않고, 가난에 대해 이야기하는 것을 듣지 않는
다고 해서 냉혈한이거나 다른 사람의 감정에 무
감각한 사람은 아니다. 의지력을 발휘해 마음에
서 가난을 아예 지워버리고 비전을 이룰 믿음과
목적의식만을 굳건히 지켜야 한다.

10장

의지로 믿음 지켜내기

현실에서 눈으로 보고 듣던
부와 상반되는 것에 마음을 두면서
부자가 되겠다는 명확하고 진심이
담긴 비전을 지켜나갈 수는 없다.

현실에서 눈으로 보고 듣던
부와 상반되는 것에 마음을 두면서 부자가
되겠다는 명확하고 진심이 담긴 비전을
지켜나갈 수는 없다.

혹여나 과거에 재정적인 어려움을 겪었다면 이
에 대해서는 입을 다물고 아예 생각하지 않는 것
이 좋다. 부모 세대의 가난이나 어렸을 적의 어려
움에 대해서도 입 밖에 내지 않는 것이 좋다.

이를 계속 떠올리고 이야기하는 동안에는 자신을 가난한 사람과 동일하게 취급하게 되기 때문이다. 그리고 나를 향해 오던 긍정적인 기운의 방향이 틀어지게 된다.

가난 그리고 가난과 관련된 모든 것을 완전히 뒤로 해야 한다.

이제 우리는 우주가 나를 위해 움직인다는 가설을 받아들이고 믿고, 이 가설이 옳다는 것에 모든 희망을 걸었다. 그렇다면 이와 상반되는 이론에 관심을 둬서 얻을 것이 무엇이 있겠는가?

세상의 종말이 다가오고 있다는 내용의 종교 서적이나 세상이 마귀의 손에 넘어간다는 내용의 뜬구름 잡는 자와 비관론자가 쓴 글에도 눈길을 줄 필요가 없다. 세상은 마귀의 손이 아니라 신에게 가고 있다. 세상은 아름답고 경이로운 것을 향해 가고 있다.

물론 현재 상태만 놓고 보면 이 세상에는 전혀 경이롭지도 아름답지도 않은 것들이 꽤 많다. 하지만 이런 것들은 사라지는 중인데, 굳이 이것들을 들여다볼 필요가 있는가? 그리고 이것들을 들여다보고 있으면 오히려 사라지지 않고 우리 곁에 남는데 말이다. 만물의 진화 원칙에 따라 사라지는 것들에 관심과 시간을 소모할 필요가 없다. 이 시간에 우리가 할 수 있는 몫을 다 해 이것들이 사라지는 데 기여할 수 있다.

우리는 오로지 부자가 되는 것에 관심을 가져야 한다.

이 세상에서 사라져야 하는 가난이 아닌 이 세상에 얼마나 많은 부가 생겨나고 있는지에 관심을 둬야 한다. 그리고 이 세상 전체가 부자가 되는 데 기여할 유일한 방법은 경쟁이 아닌 창조적인 방법으로 직접 부자가 되는 것이라는 사실을 잊어서는 안 된다.

가난에 대해서는 생각지도 말고 부자가 되는 것에만 관심을 온전히 쏟아야 한다.

가난한 사람에 대해 생각하거나 가난한 사람과 이야기할 때는 이제 곧 부자가 될 사람이라고 생각하고 이야기하는 것이 좋다. 동정의 대상이 아니라 축하받을 대상이라고 말이다. 그러면 가난한 사람, 그리고 다른 이들도 영감을 받아 이내 가난에서 탈피할 방법을 모색할 것이다.

부자가 되는 것에만 시간과 마음을 온전히 쏟아야 한다고 했지만 부정직하고 못되게 굴어서는 안 된다. 진정한 부자가 되는 것이야말로 인생의 가장 고귀한 목표다. 부자가 된다는 것은 단순히

부가 많은 것 그 이상을 의미하기 때문이다.

경쟁의 장에서 부자가 되려고 몸부림치는 것은 다른 이들을 이기고자 하는 싸움에 불과하다. 반면에 창조적 힘을 발휘하기 시작하면 이 모든 것이 달라진다. 영혼을 일깨우고, 인류에게 봉사하고, 고귀한 일을 하는 것은 부자가 되어야 가능하다. 물질을 사용해야 가능한 일이다.

지금 몸이 건강하지 않다고 해도 부자가 되는 여정에서 몸이 건강해질 수 있다. 재정적 자유를 얻은 사람만이 걱정 없이 마음이 편안하고, 위생적으로 안전한 삶을 사는 사람만이 건강해지고 그 건강을 유지할 수 있다.

도덕적, 영적 위대함은 생존을 위해 경쟁할 필요가 없는 사람만 얻을 수 있다. 그리고 창조적 힘을 발휘해 부자가 되는 사람만이 경쟁의 악영

향에서 자유로울 수 있다. 가족의 행복을 바란다면 고상한 생각이 풍부하고, 부패한 영향력이 없는 곳에서만 사랑이 자라날 수 있다는 사실을 알아야 한다. 그리고 이런 것들은 투쟁이나 경쟁이라고는 찾아볼 수 없는 창조의 장을 통해 부자가 되어야 얻을 수 있다.

다시 말하지만 부자가 되는 것만큼 위대하고 고귀한 목표는 없다.

부자가 되려면 부자가 된 모습을 마음속으로 끊임없이 그려야 한다. 그리고 부자가 된다는 비전을 흐릿하게 또는 모호하게 만드는 다른 모든 것들은 철저히 배제해야 하고, 모든 것의 진실을 보는 법을 배워야 한다.

사실 가난이라는 것은 존재하지 않는다. 부만 존재할 뿐이다.

누군가 계속 가난하다면 그것은 그들이 자기에게 돌아갈 부가 존재한다는 사실을 알지 못하기 때문이다. 그렇지 않다는 것을 이들에게 가르쳐 줄 수 있는 가장 좋은 방법은 실제로 부자가 되는 모습을 보여주는 것이다.

이들에게 정당하게 부자가 되면 얼마나 행복해질 수 있는지 직접 보여줌으로써 욕구를 자극하는 방법이 가장 좋다. 또 다른 이들이 가난한 이유는 이들은 부자가 되는 방법은 과학적이라는 개념은 있지만 다른 헛된 이론과 이단의 미로에서 길을 잃어 도무지 어떤 길을 따라야 할지 알지 못하기 때문이고, 여러 가지 방법을 사용해 보지만 모두 실패하고 만다. 이들에게도 직접 부자가 되는 방법을 보여주는 것이 가장 좋다. 백문이 불여일견이다.

이 세상을 위해 우리가 할 수 있는 가장 좋은 일은 자신의 쓰임새를 최대화하는 것이다.

부자가 되는 것보다 더 효과적으로 신과 인류에게 봉사할 수 있는 방법은 없다. 다만 경쟁이 아니라 창조적 힘을 발휘해 부자가 되어야 한다.

한 가지 더하자면 이 책은 부자가 되는 과학적 방법의 원리를 아주 상세히 다룬다. 그 말이 사실이라면 이 주제에 대해 이 책 이외의 다른 책을 읽을 필요가 없을 것이다.

어쩌면 편협하고 이기적인 소리 같을 수 있지만 이렇게 생각해 보자. 수학에서 가장 과학적인 계산법은 덧셈, 뺄셈, 곱셈, 나눗셈이다. 점이 두 개 있으면 한 점에서 다른 점까지의 최단 거리는 하나밖에 없다. 과학적으로 생각할 방법 역시 하나밖에 없다. 목표 지점까지 가장 직통으로 단순하게 가는 방법으로 생각하는 것이다. 지금까지 아무도 이 책에서 제시하는 방법보다 덜 복잡하고 명료한 '시스템'을 만들어 내지 못했다.

이 책은 불필요한 내용은 모두 걸러냈다. 이 책이 제시하는 방법을 따르고자 한다면 다른 모든 방법은 뒤로하길 바란다. 아예 마음속에서 지워 버리길 바란다.

이 책을 항상 곁에 두고 매일 읽고, 그 내용을 기억해야 한다. 다른 '시스템'이나 이론은 생각지도 않고 말이다. 혹여나 다른 시스템 또는 이론에 관심을 둔다면 마음속에 의심이 피어나기 시작하고, 생각이 흐려지고 흔들리게 된다. 바로 그때 실패가 시작된다.

성공해서 부자가 된 후에는 얼마든지 다른 시스템을 연구해도 좋다. 하지만 그때가 오기 전까지, 정말 내가 원하는 것을 이뤘다는 확신이 들 때까지는 이 책 말고는 보지 않길 바란다.

뉴스 기사를 볼 때도 낙관적인 소식만 선택해서 보기를 바란다. 내가 그리는 그림과 부합하는 그런 소식 말이다. 초자연적 이론에 대한 공부 역시 나중으로 미뤄야 한다.

신비주의와 심령술을 비롯한 유사한 현상에도 눈을 돌려서는 안 된다. 죽은 자들의 영혼은 우리 곁을 맴돌고 있을 가능성이 크다. 혹여나 그렇다고 하더라도 우리가 신경 써야 할 일은 아니다. 죽은 자들의 영혼이 어디 있던지 간에 그들은 그들만의 할 일이 있고, 그들이 해결해야 할 문제가 있다. 우리에게는 그 일에 관여할 권리가 없고, 그들을 도울 수도 또는 그들 역시 우리를 도울 수 없을 것이다.

그들이 우리와 같은 시간을 살 수 있는지는 모르지만, 어쨌든 우리에게는 그들의 일에 간섭할 권리가 없다. 그들은 그들의 삶을 살게 놔두고 우리는 우리의 문제, 즉 부자가 되는 것에만 집중해야 한다. 초자연주의에 빠지게 되면 마음속 생각들이 뒤죽박죽 섞이게 되고 부자가 될 수 있다는 희망은 처절히 무너지고 만다. 이전에도 여러 차례 강조했던 세 가지 기본 명제를 상기해 보자.

- 모든 것의 근원이 되는 사고하는 근원 물질이 존재한다. 그리고 이 물질은 가장 원초적인 상태로 우주의 곳곳에 스며들고, 침투하여 모든 공간을 그득 채운다.

- 이 물질에 깃든 생각은 그 생각이 나타내는 이미지를 형상화한다.

- 사람은 무형의 근원 물질에 자신의 생각을 각

인시켜 생각을 형상화해 실제 물체로 만들어
낼 수 있다.

이 세 가지 명제를 실천하기 위해서 우리는 경
쟁의 장에서 벗어나 창조적 힘을 발휘해야 한다.
원하는 것을 마음속으로 명확히 그려내고, 그것
을 성취하기 위해 확실한 목적의식으로 단단히
그 생각을 붙들고, 원하는 것을 반드시 얻으리라
는 흔들리지 않는 믿음을 가져야 한다. 그리고 목
적의식을 약화하거나 비전을 흐리게 만들고, 믿
음을 흔드는 다른 모든 것들은 철저히 외면해야
한다.

66

자신의 가난함을 부끄럽게 여기는 일이야말로

수치스러운 일이다. 부끄러워 할 일은 가난을

극복하려고 노력하지 않은 것이다.

- 공자 -

99

11장

부자의 방식으로 행동하라

생각에는 창조적 힘을 발동할
추진력이 있다.

생각에는 창조적 힘을
발동할 추진력이 있다.

부자의 방식대로 생각하면 부자가 된다. 하지만 생각을 행동으로 옮기지 않고 생각만 하면서 부자가 되리라고 기대해서는 안 된다.

바로 이런 이유로 많은 사상가의 이론이 실제가 되지 않는다. 생각과 행동이 별개라고 생각하기 때문이다.

우리는 아직 자연의 개입이나 인간의 손을 거치지 않고 무형의 근원 물질을 통해 무언가를 직접적으로 만들 수 있는 단계에 들어서지 못했다. 그런 단계가 가능할지조차 확실하지 않은 상태다. 그렇기에 우리는 생각에 그치지 않고 그 생각을 실천으로 옮겨야 한다.

생각으로 산속에 묻힌 금이 우리를 향해 오게 만들 수 있다.

하지만 금이 스스로 땅에서 솟아나 정제되어 동전으로 만들어진 후에 저절로 주머니에 굴러들어 오진 않는다. 신의 능력으로 적절한 사람에게 일이 분배되어 누군가가 우리를 위해 금을 캐줄 것이다. 그리고 적절한 거래에 따라 금이 우리에게 오게 될 것이다. 그렇기에 우리 또한 그 금이 나에게 왔을 때 받을 준비가 되어 있어야 한다.

생각으로 생물이든 무생물이든 모든 원하는 것을 우리에게 오게 만들 수 있지만, 실제 행동을 통해 그것이 우리에게 왔을 때 정당하게 받을 수 있어야 한다.

거저 받아서도 안 되고, 훔쳐서도 안 된다. 받는 것의 현금 가치보다 상대에게 주는 이용 가치가 더 커야 한다.

과학적으로 생각하는 것은 마음 속에 원하는 것을 명확하게 그려내는 과정이다.

원하는 것을 얻겠다는 목적의식과 의심의 여지 없이 얻게 될 것이라는 믿음을 굳건히 지키면서 말이다. 미신이나 주술에 생각을 투사해서는 안 된다. 마치 어떤 기운이 밖으로 퍼져 대신 무엇을 해줄 것이라고 믿어서는 안 된다. 이런 믿음은 헛되며 그저 제대로 생각할 능력을 사라지게 만들

뿐이다.

부자가 되는 생각을 어떻게 해야 하는지는 지금까지 상세히 설명했다.

우리만큼이나 더 나은 삶을 소망하는 무형의 근원 물질에 목적의식과 믿음을 가지고 비전을 전달하면, 근원 물질은 모든 창조적 힘이 다양한 경로를 통해 우리를 향하도록 일한다. 그 창조적 힘이 어떤 길로 가야 할지 안내하고 감시하는 것은 우리의 몫이 아니다. 우리의 일은 목적을 잃지 않고, 목적의식과 믿음을 져버리지 않고, 항상 감사하는 마음을 표현하는 것이다.

단, 부자의 방식대로 행동해야 한다. 그래야 원하던 것이 비로소 내게 왔을 때 진정으로 누리고 감사할 수 있다. 그리고 마음속으로만 그리던 것을 실제로 만났을 때 그것이 우리의 삶 어디에 있어야 하는지 제대로 알 수 있다.

이 말이 사실이라는 것은 쉽게 알 수 있다. 원하던 것이 오긴 왔는데 다른 사람의 손에 있다면 그 사람은 그에 대한 대가를 요구할 것이다. 이 상황에서 내 것을 얻을 수 있는 유일한 방법은 상대에게 상대의 것을 주는 것이다.

부자의 방식대로 생각하고 행동한다고 해서 별다른 노력을 하지 않는데도 영원히 마르지 않는 샘과 같이 끝없이 돈이 어디선가 주어지지는 않는다. 그렇기에 부자가 되는 과학의 핵심, 바로 생각과 행동이 일치해야 한다는 사실을 분명히 인지해야 한다.

많은 이들이 의식적으로든 무의식적으로든 강한 열망을 끈기 있게 추구해 창조적 힘을 발휘하지만 가난에서 벗어나지 못하는데, 그것은 바라던 것이 찾아왔을 때 그것을 받을 준비가 안 되어 있기 때문이다.

생각으로 원하는 것이 나에게 오게 되고, 행동함으로써 그것을 받게 된다. 어떤 행동을 하든 중요한 것은 지금 바로 행동해야 한다. 과거로 돌아가 어떤 행동을 하는 것은 불가능하다. 그리고 명확한 비전을 품기 위해서는 마음속에서 과거는 지워버려야 한다. 미래로 가 어떤 행동을 하는 것도 불가능하다. 그리고 미래의 그 순간이 오기 전까지는 그 순간에 어떻게 행동해야 하는지 알 방도가 없다.

지금 하는 일이나 환경이 맞지 않는다고 해서 적절한 일을 하거나 환경에 있을 때까지 행동을 미뤄도 된다고 생각해서는 안 된다. 미래에 있을지, 없을지도 모를 사태에 대비해 어떻게 행동해야 하는 것이 최선인지 지금 생각해야 할 필요가 없다. 혹여 그런 사태가 발생했을 때 가장 잘 대처할 능력이 있다고 믿으면 된다. 마음은 미래를 바라본 채 행동하면 마음과 행동이 일치하지 않아 아무런 효과가 없다. 그렇기에 바로 지금 이 순간에 어떻게 행동할지에만 마음을 온전히 기울여야 한다.

근원 물질에 창조적 힘을 전달하고 나서 마냥 결과를 기다려서는 안 된다. 그렇게 해서는 원하는 결과를 절대 얻을 수 없다. 지금 당장 행동해야 한다. 지금이야말로 행동해야 할 때다. 앞으로도 지금 말고는 행동할 시간이 없을 것이다.

원하는 것을 받을 준비가 되려면 지금 바로 행동하기 시작해야 한다.

그 행동이 무엇이든 현재 하는 일, 현재 삶에서

마주하는 사람, 그리고 현재 처한 환경과 관련된 것이어야 한다.

있지도 않은 곳에서 행동할 수는 없다. 과거에 있었던 곳에서 그리고 미래에 있을 곳에서도 행동할 수는 없다. 오직 현재 있는 곳에서만 행동할 수 있다.

어제 잘했는지 또는 못했는지는 생각하지 않아도 된다. 그저 오늘의 일을 잘하는데 집중하면 된다. 내일 일은 지금 하지 않아도 된다. 내일도 그 일을 할 시간이 충분하다. 내 힘으로 어떻게 할 수 없는 사람이나 물건을 내 마음대로 해보겠다고 초자연적이거나 미신적인 방법을 사용하는 것도 옳지 않다. 환경이 바뀌어야만 행동할 수 있다고 생각하지도 말아야 한다. 내가 직접 행동해서 환경을 바꾸면 된다. 현재 속한 환경에서 행동해 더 나은 환경을 만들 수 있다.

더 나은 환경에 있는 자신을 마음속으로 그리며, 목적의식과 믿음으로 그 비전을 품어야 한다. 하지만 진심을 다 하고, 온 힘을 쏟아 현재 속한 환경에서 행동해야 한다. 마냥 공상이나 망상에 빠져 시간을 허비해서는 안 된다. 원하는 것을 마음속에 그리고 지금 당장 행동해야 한다.

부자가 되려고 뭔가 새로운 일을 시작한다든가 평소에는 잘 하지 않던 이상하거나 특이한 행동을 해서는 안 된다. 지금 하는 행동의 양상은 적어도 당분간은 과거에 우리가 해왔던 행동과 비슷할 가능성이 크다. 하지만 이제 그 행동을 부자의 방식대로 실행하기 시작한다면 틀림없이 부자가 된다.

어떤 일을 하면서 그 일이 자신과 맞지 않다는

생각이 든다고 해서 적성에 맞는 일을 찾을 때까지 행동하는 것을 미뤄서는 안 된다. 왠지 지금 내가 있는 곳이 내 자리 같지 않아도 낙담하거나 주저앉아 슬퍼하지 마라. 지금 내 자리가 아니라고 느껴도 언젠가는 내 자리를 찾을 수 있다. 그리고 지금 하는 일이 나와 맞지 않다고 느껴도 언젠가는 내 적성에 맞는 일을 찾을 수 있다. 내 적성에 맞는 일을 하는 내 모습을 상상하고, 그 일을 하는 목적의식을 다지고 반드시 그 일을 하리라는 믿음을 가지고 말이다.

하지만 행동은 지금 내가 있는 곳에서 해야 한다. 현재 하는 일을 나중에 더 좋은 일을 할 수단으로 활용해야 한다. 그리고 지금 처한 환경을 나중에 더 나은 환경에 속할 수단으로 활용해야 한다. 목적의식과 믿음으로 비전을 단단히 품는다

면 근원 물질이 내게 맞는 일을 내게로 보내줄 것
이다. 그때 부자의 방식대로 행동하기만 한다면
나 역시 그 새로운 일을 향해 움직여 가게 된다.

　월급을 받는 직원이라서 원하는 일을 하기 위
해서는 직장을 바꿔야 한다고 생각할 수도 있다.
하지만 그 생각을 우주에 투사해 마냥 다른 직장
으로 갈 수 있다고 생각해서는 안 된다. 부자의
방식은 그런 식으로 작동하지 않는다. 원하는 직
업을 가진 자신의 모습을 그리고 목적의식과 믿
음으로 행동해야 한다. 그러면 반드시 그 직업을
얻을 수 있다.

　명확한 비전과 흔들리지 않는 믿음이 창조적
힘으로 그 직업을 내게 가져다줄 것이다. 그리고
나의 행동으로 어떠한 힘이 발휘되어 현재 나아
갈 내가 속한 환경에서 내가 원하던 그 자리를 향

해 나아갈 수 있다. 이 장을 마무리하며 앞서 제
시한 세 가지 기본 명제에 두 가지를 더해보자.

- 모든 것의 근원이 되는 사고하는 근원 물질이
  존재한다. 그리고 이 물질은 가장 원초적인 상
  태로 우주의 곳곳에 스며들고, 침투하여 모든
  공간을 가득 채운다.

- 이 물질에 깃든 생각은 그 생각이 나타내는 이
  미지를 형상화한다.

- 사람은 무형의 근원 물질에 자신의 생각을 각
  인시켜 생각을 형상화해 실제 물체로 만들어
  낼 수 있다.

- 이 모든 것을 이루려면 경쟁의 장에서 벗어나
  무언가를 새로 만들어내겠다는 창조의 마음가
  짐을 가져야 한다. 원하는 것을 명확히 마음 속
  에 그리고 그것을 이루게 하는 목적의식과 반

드시 이루리라는 흔들리지 않는 믿음을 가져야

한다. 비전을 흐리게 하고, 목적의식을 약화하

고 믿음을 흔드는 모든 것으로부터 눈과 마음

을 돌려야 한다.

- 간절히 바라던 것이 마침내 내게 왔을 때 받을

  수 있으려면 현재 속한 환경에서 마주하는 사람

  과 사물을 대상으로 바로 지금 행동해야 한다.

12장

행동의 효율성과 성공

원하는 것을 생각하고, 할 수 있는
모든 것을 해야 한다.

원하는 것을 생각하고,
할 수 있는 모든 것을 해야 한다.

앞서 설명한 대로 원하는 것을 생각하고 현재 있는 곳에서 할 수 있는 것을 하기 시작해야 한다. 그리고 할 수 있는 모든 것을 해야 한다. 현재 있는 곳에서 더 큰 능력을 발휘해야만 더 나은 사람이 될 수 있다.

현재 주어진 자리에서 해야 할 일을 제대로 하지 않으면서 성장하는 사람은 없다.

자기 위치에서 차고 넘치도록 능력을 발휘하는 사람들로 인해 세상은 더 나은 곳이 된다. 자기 자리에서 충분히 역할을 해내지 못하는 사람의 경우 퇴보하기 마련이다. 그리고 상당한 비용을 들여 누군가가 끌고 가야 하기 때문에 이들은 사회, 정부, 경제, 산업에 무거운 짐이 된다. 시대에 뒤떨어지고 퇴행한 채로 머무는 이들은 세상의 발전을 저해하고, 계속해서 앞으로 나아가지 못하고 퇴보하기만 한다.

모든 사람이 자기의 역할을 해내지 못한다면 사회는 발전할 수 없다. 사회는 물리적, 정신적 발전의 법칙에 따라 진화한다. 동물의 세계는 넘치는 생명력으로 진화한다. 생물이 기능적으로 자기 영역의 한계를 뛰어넘어 더 많은 기능을 발현하고자 할 때 고차원의 장기를 만들어내고, 이 과정을 통해 새로운 종이 탄생한다. 자기가 표현할 수 있는 그 이상의 기능을 보이는 생물이 없었다면 새로운 종은 탄생하지 않았을 것이다. 우리에게도 이 법칙은 동일하게 적용된다. 부자가 되는 것 역시 이 원칙을 어떻게 적용하느냐에 달려 있다.

우리의 매일은 성공과 실패, 둘 중 하나이다.

우리가 원하는 것을 얻은 날은 성공적인 하루라고 할 수 있다. 만약 하루하루가 실패의 연속이라면 절대 부자가 될 수 없다. 반면에 성공의 나날이라면 부자가 되지 않을 수 없다.

오늘 해야 하는 일이 있는데 그 일을 하지 않는다면 그 일에서만큼은 실패한 것이다. 그리고

그 결과는 우리가 상상하는 것보다 훨씬 끔찍할
수 있다. 아무리 사소한 행동이라도 그 결과가 얼
마나 클지 감히 예측할 수 없다. 우리를 대신해
서 우리 뒤에서 어떤 힘이 어떻게 움직이는지 알
지 못하기 때문이다. 아무리 단순한 행동이라도
그에 따르는 결과는 클 수 있다. 사소한 행동으로
무한한 가능성이 기다리는 기회의 문을 열 수 있
다. 작은 일을 사소하다고 무시하거나 제대로 하
지 않으면 원하는 것을 얻기 위해 상당히 오래 기
다려야 할 수도 있다. 그러니 매일 그날 할 수 있
는 모든 것을 해야 한다.

　하지만 이외에도 우리가 유의해야 하는 점이
있다.

　해야 하는 것보다 더 많은 일을 해서는 안 된
다. 짧은 시간 내에 최대한 많은 일을 해내기 위

해서 일에 맹목적으로 뛰어들어서는 안 된다. 내일의 일을 오늘 해서도 안 된다. 그렇다고 일주일치의 일을 하루 만에 해서도 안 된다. 중요한 것은 얼마나 많은 일을 하는지가 아니라 각각의 행동을 얼마나 효율적으로 하는지다.

모든 행동은 그 자체로 성공 또는 실패이다.

모든 행동은 그 자체로 효율적이거나 비효율적이다. 비효율적인 행동은 실패다. 그리고 일생에 비효율적인 행동을 하는 인생은 실패한 인생이다. 많은 일을 할수록 좋지 않은 결과를 초래할수 있다. 특히 모든 행동이 비효율적이면 말이다. 반면에 모든 효율적인 행동은 성공이다. 효율적인 행동만 하고 산다면 그 인생은 성공이라고 할수 있다.

그러나 비효율적으로 한 번에 너무 많은 일을

하고 효율적으로 충분히 많은 일을 하지 않는 것은 실패로 이어진다. 비효율적인 행동을 하나도 하지 않고 효율적인 행동을 충분히 하면 부자가 된다는 주장은 명백한 사실임을 알 수 있다. 지금부터 효율적으로 행동하면 부자가 되는 것은 수학과 같이 오차가 없는 명백한 과학이라는 사실을 살펴보자.

이제부터 문제는 일상적으로 해내는 모든 행동을 효율적으로 성공할 수 있는지다. 물론 할 수 있다.

모든 행동에 성공할 수 있다. 절대적인 힘이 우리의 편에서 우리를 위해 일하며, 그 힘은 결코 실패할 수 없기 때문이다. 그 힘은 우리와 함께한다. 모든 행동을 효율적으로 하려면 그 힘을 쏟기만 하면 된다.

모든 행동은 강력하거나 약하거나 중 하나이다. 행동이 강력하다는 것은 특정한 방식으로 행동하고 있다는 의미이고, 그렇게 행동하면 부자가 된다. 모든 행동을 강력하고 효율적으로 할 수 있다. 행동할 때 명확한 비전을 마음에 품고 목표와 믿음으로 실행하면 된다. 하지만 바로 이 지점에서 많은 이들이 마음과 행동을 일치시키지 못해 실패한다. 마음은 다른 곳에 두고 행동하기 때문이다.

그렇기에 그 행동에 성공할 수 없으며, 너무나도 많은 행동이 비효율적으로 된다. 하지만 모든 행동에 마음의 힘을 활용하면 아무리 사소한 행동이라도 성공할 수밖에 없다. 그리고 자연스럽게 하나의 성공은 또 다른 성공으로 이어지며 원하는 것으로 향할 수밖에 없게 된다.

원하는 모든 것은 우리를 향해 오게 되고, 서로를 향해 오는 속도는 엄청나게 빨라진다.

성공적인 행동의 결과는 누적된다는 사실을 기억해야 한다. 더 나은 삶을 살고자 하는 욕구는 만물에 내재되어 있기 때문에 우리가 더 나은 삶을 향해 나아가면 자연스럽게 다른 것들이 따라오게 되고, 원천 물질의 욕구가 미치는 영향력도 더불어 폭증한다. 그러니 매일 그날 할 수 있는 모든 것을 해야 한다. 그리고 그 모든 행동을 효율적으로 해야 한다.

모든 행동을 할 때 비전을 견고하게 품어야 한다고 말한 바 있다. 하지만 평범하고 사소한 모든 행동과 관련해서 정말 세세하게 비전을 그려야 한다는 의미는 아니다. 여가시간에 상상력을 발휘해 비전을 구체적으로 그리고 기억에 확실히 새겨질 때까지 그 비전을 떠올리고 다시 떠올리면 된다.

빠르게 결과를 보고 싶다면 비전을 그리는 연습을 시간이 날 때마다 하면 된다. 이렇게 계속 비전을 떠올리고 고민함으로써 정말 원하는 것을 세세하고 명확하게 마음속으로 볼 수 있게 된다.

명확한 그림이 그려지면 이 그림은 무형의 근원 물질에 완벽하게 전달된다. 이 단계에 도달하면 일하는 시간에도 마음속으로 그 그림을 생각하면 목적의식과 믿음이 흘러넘쳐 일에 최선을 다하게 된다.

그러니 비전의 그림이 의식을 가득 채워 즉각적으로 그 그림이 떠오를 때까지 비전을 마음속으로 그려야 한다. 그 그림이 주는 밝은 희망이 너무나도 큰 자극이 되어 비전을 떠올리기만 해도 강력한 에너지를 발산할 수 있다.

다시 한 번 기본 명제를 읊어보자. 그리고 이 장에서 내린 결론을 마지막에 더해보자.

- 모든 것의 근원이 되는 사고하는 근원 물질이 존재한다. 그리고 이 물질은 가장 원초적인 상태로 우주의 곳곳에 스며들고, 침투하여 모든 공간을 그득 채운다.

- 이 물질에 깃든 생각은 그 생각이 나타내는 이미지를 형상화한다.

- 사람은 무형의 근원 물질에 자신의 생각을 각인시켜 생각을 형상화해 실제 물체로 만들어낼 수 있다.

- 이 모든 것을 이루려면 경쟁의 장에서 벗어나 무언가를 새로 만들어내겠다는 창조의 마음가짐을 가져야 한다. 원하는 것을 명확히 마음속

에 그리고 그것을 이루게 하는 목적의식과 반드시 이루리라는 흔들리지 않는 믿음을 가져야 한다. 비전을 흐리게 하고, 목적의식을 약화하고 믿음을 흔드는 모든 것으로부터 눈과 마음을 돌려야 한다.

- 간절히 바라던 것이 마침내 내게 왔을 때 받을 수 있으려면 현재 속한 환경에서 마주하는 사람과 사물을 대상으로 바로 지금 행동해야 한다.

- 매일 그날 할 수 있는 모든 것을 해야 한다. 그리고 모든 행동을 효율적으로 해야 한다.

13장

재능과 욕구

성공은 그 분야에 필요한 능력이
충분히 갖춰졌는지에 달려있다.

성공은 그 분야에 필요한
능력이 충분히 갖춰졌는지에
달려있다.

어느 분야든 성공은 그 분야에 필요한 능력이
충분히 갖춰졌는지에 달려있다. 뛰어난 음악적
재능 없이는 음악계에서 성공할 수 없다.

기계를 다루는 능력 없이는 그 업계에서 성공
할 수 없다.

탁월한 사업 수완과 계산 능력 없이는 사업에 성공할 수 없다.

하지만 어떤 분야와 관련된 능력을 갖추고 있다고 해서 무조건 성공이 보장되는 것은 아니다. 뛰어난 음악적 재능을 가진 음악가 중 가난한 사람도 있다. 대장장이와 목수 중에서도 손재주가 좋은 사람이 많지만 부자가 되지 못하는 사람도 많다. 사람을 잘 상대하는 장사꾼도 실패할 때가 있다.

사람마다 갖고 있는 각기 다른 재능은 일종의 도구이다. 무언가를 잘 해내려면 좋은 도구를 가져야 하지만 그만큼 그 도구를 올바르게 사용하는 것도 중요하다. 톱의 날을 날카롭게 다듬고, 직각자와 대패와 같은 도구를 가지고 훌륭한 가구 한 점을 만들 수 있다. 반면 다른 누군가는 같은 도구를 가지고 안간힘을 써도 형편없는 결과물을 만들어낸다. 좋은 도구를 가지고 있어도 어떻게 사용하는지 모르는 것이다. 우리가 가진 다양한 능력은 부자가 되기 위해서 사용해야 하는 도구와도 같다. 마음의 도구를 잘 활용할 수 있는 일을 하면 성공할 가능성이 커진다.

일반적으로 장점을 활용할 수 있는 분야에서 성공할 수 있다. 타고나는 '가장 잘 맞는' 분야가 있다는 말이다. 하지만 이 말에도 어느 정도 한계가 있다. 타고난 능력만으로 직업을 선택할 수는 없기 때문이다.

어떤 일을 하던 부자가 될 수 있다. 일에 필요한 재능이 없으면 그 재능을 키우면 된다. 타고난 도구로만 자신을 가두기보다는 살아가면서 필요한 도구가 있다면 개발하면 된다.

물론 타고난 재능이 필요한 분야에서 성공하기
란 훨씬 쉽다. 하지만 어떤 분야에서든, 어떤 직
업에서든 성공할 수 있다. 기초적인 능력은 누구
나 개발할 수 있으며, 누구나 기초적인 능력 정도
는 갖출 수 있으니 말이다.

타고난 가장 잘 맞는 일을 하면 크게 노력하지
않아도 쉽게 부자가 될 수 있다. 하지만 원하는
일을 하면 가장 만족스럽게 부자가 될 수 있다.
인생은 하고 싶은 것을 하며 살아야 한다. 원하는
것은 하지 못하면서 하기 싫은 일을 하길 영원히
강요받으며 산다면 삶이 결코 만족스러울 수 없
다. 그리고 분명히 원하는 일을 할 수 있다. 원하
는 일이 있다는 그 자체가 그 일을 할 능력이 있
음을 증명한다.

능력은 욕구로 표출된다. 음악을 연주하고 싶

은 욕구는 음악을 연주할 줄 아는 능력이 표출되고 개발되길 원하는 것이다. 기계를 발명하고 싶은 욕구는 기계를 다룰 줄 아는 능력이 표출되고 개발되길 원하는 것이다. 이미 일정 수준에 도달한 것이든, 그렇지 못한 것이든 어떤 일을 할 능력이 없다면 그 일을 하고 싶은 욕구도 존재하지 않는다. 반면에 어떤 일을 하고 싶은 욕구가 무척 강하다면 그 일을 할 능력 역시 뛰어나다는 것을 의미한다. 이때 필요한 것은 올바른 방식으로 그 능력을 개발하고 적용하는 일이다.

모든 조건이 같다는 가정 하에 가장 뛰어난 재능을 적용할 수 있는 분야의 일을 선택하는 것이 가장 좋다. 하지만 특정한 일을 하고 싶은 욕구가 강하다면 궁극적으로는 그 일을 선택해야 한다. 우리는 하고 싶은 일을 할 수 있다.

적성에 가장 잘 맞고, 가장 행복하게 만드는 일이나 직업을 선택할 권리와 특권이 있다.

하기 싫은 일을 억지로 해야 할 의무는 없다. 원하는 것을 얻기 위한 수단이 아닌 이상 하기 싫은 일을 억지로 해서는 안 된다.

과거의 실수로 인해 원하지 않는 일을 하거나 환경에 처해 잠시 동안 하기 싫은 일을 해야 할 수도 있다. 이때는 이 일이 결국 원하는 일을 하게 해주리라는 믿음을 가지면 즐겁게 임할 수 있다.

자기와 맞지 않는 일을 하고 있다고 느껴도 너무 성급하게 다른 일을 찾아 나서서는 안 된다. 이런 상황에서 최선의 방법은 성장을 통해 일이나 환경을 바꾸는 것이다. 하지만 기회가 눈앞에 있다면, 그리고 충분한 고심 끝에 그것이 자신을 위한 기회라고 생각된다면 갑작스럽고 급격하더라도 두려움 없이 그 변화를 받아들여야 한다.

단, 기회 같아 보여도 그 기회에 뛰어드는 것이 과연 현명한 것인지 조금이라도 의심이 든다면 주저할 필요가 있다.

창조의 영역에서는 결코 서두를 필요가 없다.

기회는 수 없이 많기 때문이다. 경쟁의식에서 벗어나면 서두를 필요가 절대 없다는 것을 체감할 것이다. 우리가 원하는 것을 다른 누군가 가로채는 일은 없다. 모두에게 모든 것이 풍족하기 때문이다. 혹여나 다른 누군가가 어떤 자리를 차지한다고 해도 이내 우리를 위한 더 나은 자리가 생겨나고, 시간도 충분하다. 그래서 의심이 들 때면 기다릴 수 있는 여유가 있어야 한다.

비전을 다시 고심해 보고, 목적의식과 믿음을 다질 시간은 충분하다. 그리고 무엇보다 의심이

들고 망설여진다면 감사하는 마음을 가져야 한다. 하루 이틀 정도 원하는 것에 대한 비전을 상상하고, 반드시 그 비전이 이루어짐을 감사하며, 행동에 옮겨야 실수하는 일이 없을 것이다.

이 세상 모든 지식을 아는 존재가 있다. 풍족함을 누리려면 목적의식과 믿음을 통해 그 존재와 가까워질 수 있다. 이때 필요한 것은 진정으로 감사하는 마음이다.

성급하게 행동하거나 두려움과 의심의 마음을 가지고 행동하거나 모두에게 더 풍성한 삶을 부여해야 한다는 삶의 올바른 동기를 잊어버린 채 행동하면 실수하게 된다. 하지만 부자의 방식을 따르면 점점 더 많은 기회를 마주할 수 있다. 굳건한 목적의식과 믿음을 계속 품고, 감사하는 마음을 가져야 한다.

매일 할 수 있는 모든 것을 완벽하게 해내야 한다. 단지 서두르거나 걱정하거나 두려워해서는 안 된다. 할 수 있는 한 최대한 빨리 달려가야 한다.

서두르지 않아야 한다. 서두르기 시작하는 그 순간 창조적 힘은 힘을 잃고 경쟁에 휘말리게 된다. 예전의 상태로 돌아가게 되는 것이다. 혹시나 자신이 서두른다고 느낀다면 멈춰야 한다. 목표에 마음을 고정하고 그 목표가 반드시 이루어질 것에 감사해야 한다. 감사하는 마음을 가지는 이 훈련을 통해 목적의식이 새로워지고 믿음이 강해질 것이다.

14장

성장의 기운

원하는 일을 하려면 지금 하는
일을 생산적으로 활용해야 한다.

원하는 일을 하려면 지금 하는 일을
생산적으로 활용해야 한다.

　현재의 직업을 유지하든, 아니면 다른 직업을
찾든 지금으로서는 내가 몸담은 일과 관련되게
행동해야 한다. 언젠가 원하는 일을 하려면 지금
하는 일을 생산적으로 활용해야 한다. 매일 일할
때 부자의 방식을 적용해야 한다는 말이다.

다른 사람을 상대하는 업종에 종사한다면 편지나 이메일, 전화, 대면 등에서 상대방에게 전하는 마음의 핵심은 성장이어야 한다. 그리고 이 마음을 전달하는 데 모든 노력을 들여야 한다.

모든 사람은 성장을 추구한다. 이는 모두의 안에 있는 지적인 근원 물질이 더 풍성하게 자기를 나타내고자 하는 욕구이다. 모든 것이 본질적으로 성장하길 원하며, 이는 우주가 가장 근본적으로 느끼는 충동이다. 인간의 모든 활동은 성장하고픈 욕구를 바탕으로 한다. 더 많은 음식, 옷, 집, 사치품, 아름다움, 지식, 즐거움을 추구한다. 더 많은 것을 더 풍족하게 누리고자 한다.

살아 있는 모든 것은 이처럼 멈추지 않고 성장하고 발전해야 한다. 성장이 멈춘 곳에는 죽음과 소멸이 들어선다. 우리는 본능적으로 이 사실을 알기에 끊임없이 더 많은 것을 추구한다.

성경에서도 예수의 달란트 비유를 통해 끝없는 성장의 법칙을 볼 수 있다. "무릇 있는 자는 받아 넉넉하게 되고, 없는 자는 그 있는 것도 빼앗기리라", 즉 더 부자가 되고 싶은 욕구는 지극히 정상적인 것으로 악한 것이 아니며 비난받아서도 안 된다. 그저 더 풍성한 삶을 살고 싶은 마음일 뿐이니까 말이다. 누구나 가질 수 있는 포부이고, 살아 있는 모든 것의 가장 강력한 본능이기 때문에 모든 사람은 더 풍성한 삶을 살 수단을 제공하는 이에게 자연스럽게 끌린다.

이제부터 다룰 부자의 방식을 따르면 끝없이 성장하고 풍성한 삶을 누릴 수 있다. 그리고 마주하는 모든 사람에게 그런 삶을 줄 수 있다.

우리에게는 창조적 힘이 샘솟는다. 그리고 이

힘으로 모든 사람에게 성장의 동력을 제공할 수 있다. 먼저 확신을 가지고 이 사실을 남녀노소 불문 만나는 모든 사람에게 전파해야 한다. 아무리 사소한 것을 팔든, 가령 어린 아이에게 막대사탕 하나를 팔아도 성장과 발전의 생각을 전달해야 한다. 그리고 상대가 확실히 그 사실을 받아들이고 마음에 새겨야 한다.

어떠한 일을 하던 성장의 마음을 담아서 해야 한다. 다른 이들에게 성장하는 사람이라는 느낌을 주고, 우리와 일하는 사람 역시 모두 성장할 수 있다고 느끼도록 말이다. 일이 아니라 가볍게 만나는 사람을 대할 때도 이와 같은 마음을 담아 대해야 한다. 이 마음을 전달할 방법은 가장 먼저 자신이 성장의 길을 걷고 있다고 굳게 믿는 것이다. 그리고 이 믿음으로 영감을 받고, 그 믿음이 모든 행동에 스며들게 하고, 모든 행동을 가득 채워야 한다.

나는 성장하는 존재이며 내가 마주하는 모두에게 성장의 기회를 제공한다는 확고한 믿음을 가지고 모든 일을 행해야 한다. 부자가 된다고 믿고 내가 부자가 됨으로써 다른 이들도 부자가 되어 모두에게 이득이 된다고 믿어야 한다.

하지만 성공했다고 이를 자랑하거나 이에 대해 쓸데없이 입을 열어서는 안 된다. 진심으로 어떤 사실을 믿으면 그 믿음을 자랑해서는 안 된다. 혹여나 자랑하길 좋아하는 사람을 본다면 그 자랑 뒤에는 사실 의심과 두려움이 있다고 생각하면 된다. 그러니 우리는 그저 믿고, 믿음에서 우러나오도록 행동하면 된다.

조용하게 모든 행동, 말투, 눈빛을 통해 나는

부자가 되고 있다는 믿음을 전달해야 한다.

　이 과정에서 상대에게 이 감정을 전달하기 위해서는 어떠한 말도 필요 없다. 그저 나의 존재만으로도 상대는 성장하고 있다고 느낄 것이고, 자연스럽게 다시 나에게 끌릴 것이다. 저 사람과 함께 하면 나 역시 성장할 수 있다는 느낌을 상대에게 줘야 한다. 이 역시 상대에게서 받는 현금 가치보다 더 큰 이용 가치를 돌려주는 셈이다.

　이런 믿음으로 바탕으로 일하는 데 자부심을 가져도 된다. 모두에게 알려도 좋을 만한 일이다. 사업을 한다면 고객이 끊이지 않을 것이다. 사람은 성장이 있는 곳에 끌리기 마련이다. 사업은 빠르게 번창하고 예상치 못하게 맞이하는 어마어마한 선물에 우리는 놀랄 것이다. 하루도 빠짐없이 매일 그렇게 더 큰 선물을 맞이하며 결국 우리는 바라던 일을 하게 될 것이다.

하지만 이 모든 과정에서 결코 원하는 것에 대한 비전을 놓쳐서도, 그 비전을 이루기 위해 필요한 목적의식과 믿음을 잃어서도 안 된다.

여기서 성장 이면의 잘못된 동기에 대해 짚고 넘어가자.

다른 사람을 힘으로 다스리려는 음침한 마음을 조심해야 한다. 미성숙한 사람은 다른 사람들 위에 군림하는 것에 큰 즐거움을 느낀다. 이기적으로 자기만족을 위해 다른 이들을 지배하고자 하는 욕구는 역사적으로 재앙을 불러왔다. 오랜 세월 수많은 왕과 군주는 자신의 지배욕을 위해 전쟁을 일으켜 세상을 피로 물들었다. 이는 모두에게 더 풍족한 삶을 주는 것과는 정반대의 행위로 그저 자신의 욕심을 채우려는 행위이다.

오늘날 경제와 산업의 주된 동기도 이와 비슷하다.

돈으로 무장해 다른 사람을 지배하기 위한 전쟁을 일으켜 수백만 명의 삶과 영혼을 짓밟는다. 돈으로 다스리는 기업가는 국가를 정치적으로 다스리는 왕과 다를 바 없이 권력이라는 욕망으로 움직인다. 권력을 좇아 '주인'이 되고자 하는 마음, 평범한 자들보다 칭송받고 싶은 마음, 화려한 겉모습으로 돋보이고 싶은 마음을 조심해야 한다.

다른 이들을 지배하려는 마음은 경쟁의식에 사로잡힌 마음이다. 그리고 경쟁의식에 사로잡힌 마음은 창조의 힘을 발휘할 수 없다. 자신의 환경과 운명을 스스로 주도하고 결정하려고 다른 이들을 다스릴 필요는 전혀 없다.

높은 곳으로 올라가려는 세속적인 목표에 사로
잡히는 순간 환경과 운명을 스스로 만들어 나갈
수 없게 된다.

부자가 되는 것은 순전히 우연과 요행에 의해
결정된다.

내가 얻고자 하는 것을 다른 이들도 가질 수 있
길 바란다. 새뮤엘 존스의 황금률보다 창조적 힘
을 바탕으로 한 행동의 원칙을 더욱 잘 설명하는
말은 없다.

15장

성장하는 사람

상대로 하여금 그것을 느끼게
만든다면 저절로 사람이 모일 것이고,
부자가 될 것이다.

상대로 하여금 그것을 느끼게
만든다면 저절로 사람이 모일 것이고,
부자가 될 것이다.

의사든, 교사든, 성직자든 직업이 무엇이든 관
계없이 다른 이들의 삶을 풍성하게 만드는 데 일
조하고 상대로 하여금 그것을 느끼게 만든다면
저절로 사람이 모일 것이고, 부자가 될 것이다.

앞서 말한 내용은 전문직 종사자, 임금 노동자

뿐만 아니라 상업에 종사하는 사람 모두에게 적용된다. 직업이 무엇이든 관계없이 다른 이들의 삶을 풍성하게 만드는 데 일조하고 상대로 하여금 그것을 느끼게 만든다면 저절로 사람이 모일 것이고, 부자가 될 것이다.

위대하고 성공적인 치료자가 되는 비전을 가지고 목적의식과 믿음으로 그 비전을 이루는 데 온 힘을 쏟는 의사는 만물의 근원이 가진 힘과 한층 가까워져 엄청난 성공을 거둘 것이다. 노력하지 않아도 저절로 환자가 몰려들 것이다.

이 책의 가르침을 실천할 기회가 가장 많은 직업은 바로 의료인이다. 어떤 분야인지는 관계없다. 치료의 원칙은 의료인 모두에게 같게 적용되기 때문이다. 성공적인 의료인이라는 뚜렷한 비전을 가지고, 목적의식과 믿음으로 그 비전을 이

뤄나가고, 감사하는 마음을 가진 사람은 마주하는 모든 질병을 고칠 수 있다. 어떤 치료법을 사용하든 어떤 병이든 고칠 수 있는 것이다.

세상은 풍성한 삶에 대한 과학을 진정으로 가르칠 설교자를 절실히 찾고 있다.

부자가 되는 과학과 더불어 행복한 삶과 사랑하는 삶을 사는 방법의 세세한 부분까지 터득해 이 모든 것을 전달할 수 있는 설교자 주위로는 교인이 물밀듯 몰릴 것이다. 바로 이것이 세상이 필요로 하는 복음이다. 더욱 풍성한 삶을 누리는 법 말이다. 이에 대해서는 모두가 기뻐서 귀를 열어 받아들이고, 그 사실을 전파하는 자를 기꺼이 온 마음 다해 따를 것이다.

지금 필요한 것은 제대로 된 삶을 사는 방법을 몸소 실천해 보일 사람이다. 인생을 어떻게 살지

말로 전하는 것을 넘어서 직접 그 방법을 실천해 보일 설교자가 필요하다. 부유하고, 건강하고, 훌륭하고, 사랑받는 설교자가 직접 어떻게 부유해지고, 건강해지고, 훌륭해지고, 사랑받을 수 있는지 보여줘야 한다. 그러면 셀 수 없이 많은 제자가 충성되게 그를 따를 것이다.

젊은 세대가 더 풍성한 삶을 살 수 있도록 목적의식과 믿음을 불어넣어 줄 수 있는 교육자도 같다. 그런 교육자는 일자리를 잃는 일이 절대 없을 것이다. 교육자로서 진정한 목적의식과 믿음을 가지고 있다면 제대로 된 교육을 할 수밖에 없다. 그리고 그것을 자기 삶으로써 직접 실천해 보이면 학생 역시 배우고 따를 수밖에 없다. 이는 교육자, 설교자, 의사뿐만 아니라 변호사, 치과의사, 부동산 중개업자, 보험사 등 직업을 막론하고 모두에게 마찬가지로 적용된다.

지금까지 이 책에서 제시한 방법, 즉 정신적으로 어떤 생각을 하고 몸으로 어떤 행동을 해야 할지를 그대로 따르면 실패란 있을 수 없다. 이 책에서 나온 내용을 인내심을 갖고 꾸준히, 그리고 정확하게 따르면 반드시 부자가 된다. 이 법칙은 중력의 법칙만큼이나 수학적으로 오차가 없다. 이처럼 부자가 되는 것은 정밀한 과학이다.

임금 노동자에게도 이 법칙은 같게 적용된다. 임금은 낮지만, 물가는 비싸 가시적으로는 도무지 성장의 기회가 보이지 않더라도 부자가 될 기회는 반드시 존재한다. 원하는 것을 마음속으로 명확히 그리고 목적의식과 믿음을 가지고 행동을 시작하면 된다. 매일 할 수 있는 모든 일을 하면 된다.

그리고 그 모든 일에 완벽하게 성공해야 한다. 부자가 되고자 하는 목적의식을 가지고 성공의 힘을 몰아넣어 모든 일에 임해야 한다. 그렇다고 해서 고용주나 상사가 곧장 승진시켜줄 거라는 기대를 해서는 안 된다. 그러지 않을 가능성이 크다.

고용주는 자기 능력을 최대한 발휘해 자신의 몫을 톡톡히 해내고, 그런 모습을 만족스러워한다. 고용주 역시 이런 직원을 아끼지만 그렇다고 해서 승진이 보장되는 것은 아니다.

지금 있는 그 자리에서도 충분히 잘 해내고 있다. 진정으로 성장하려면 자기 자리에서 큰 능력을 발휘하는 것, 그 이상이 필요하다. 자기 자리에서 큰 능력을 발휘하고 어떤 사람이 되고 싶은지 명확하게 알고 있는 사람에게는 성장이 보장되어 있다. 자기가 원하는 대로 될 수 있다는 사실을 알고 그런 사람이 되기 위해서 노력할 결심을 굳게 먹은 사람만이 성장할 수 있다.

현재의 자리에서 그저 고용주에게 잘 보일 생각만 해서는 안 된다. 반드시 성장하리라는 마음가짐으로 그 자리를 지켜야 한다. 근무 시간에도 근무 시간 전과 후에도 성장을 염두에 두고 목적의식과 믿음을 가져야 한다. 상사든 동료든 그저 지나치는 사람이든 마주하는 모든 사람이 뿜어져 나오는 목적의식을 느낄 수 있을 정도여야 한다. 마주하는 모두가 우리로 인해 성장과 발전의 기운에 전염될 수 있도록 말이다. 그러면 저절로 주변에 사람이 모이게 된다. 그리고 현재 직장에서 더 이상 성장의 기회가 보이지 않는다면 이내 이직의 기회를 마주하게 된다.

이 모든 법칙을 따르며 앞으로 성장해 나가는

사람에게는 반드시 기회가 찾아온다.

부자의 방식으로 행동하기만 하면 신은 우리를 돕지 않을 수 없다. 우리의 이익이 아니라 신 자신을 위해서 우리를 도울 수밖에 없다.

개인적 환경에서도, 외부적 환경에서도 우리가 부자가 되는 것을 막을 요인은 아무 것도 없다. 철강 회사에서 일해 부자가 될 수 없다면 농사를 지어 부자가 될 수 있듯이, 부자의 방식이 이끄는 방향으로 움직이기 시작하면 철강 회사의 테두리에서 벗어나 농장이든 원하는 곳이라면 어디든 갈 수 있다. 철강 회사에서 일하는 수천 명의 근로자가 모두 부자의 방식을 따르면 회사 자체가 타격을 입어 근로자에게 더 좋은 기회를 주든지 폐업의 길로 들어서게 될지도 모른다.

회사에 소속되어 누군가에게 고용되어 일해야

하는 사람은 아무도 없다. 회사는 부자가 되는 과학을 알지 못하거나 알더라도 실천하기에 게으른 자들을 절망적인 상황에 가둬놓을 뿐이다.

그러니 부자의 방식으로 생각하고 행동하기 시작해야 한다. 마음속에 품은 목적의식과 믿음으로 인해 이내 더 나은 상황으로 이끌어 줄 기회를 맞이하게 된다. 생각보다 빠르게 그런 기회를 마주하게 될지도 모른다. 만물 가운데 우리를 위해 일하는 신은 반드시 그런 기회를 우리에게 가져다준다. 하지만 원하는 것을 이룰 기회가 전부라고 생각해선 안 된다. 더 나은 사람이 될 기회가 찾아오고 그 기회가 정말 내 것이라고 느낀다면 기회를 잡아야 한다.

그 기회는 앞으로 올 더 많은 기회 중 첫 번째 단계에 불과하다.

성장하고 풍성한 삶을 사는 사람에게는 기회가 무한하다.

이 우주를 이루는 그 모든 것이 성장하는 사람을 위해 존재하고 협력하여 선을 이룬다. 부자의 방식으로 생각하고 행동하면 부자가 되지 않을 수 없다. 지금 봉급을 받는 근로자로 살고 있다면 이 책을 철저히 연구하고, 이 책에서 제시하는 방법을 자신 있게 실천하라. 그런 자에게 실패란 있을 수 없다.

부를 멸시하는 사람은 매우 많다.

그러나 부를 나눌 줄 아는 사람은 거의 없다.

– 라 로슈푸코 –

16장

결론, 그리고 주의할 점

부자가 되기 위한 정확한 과학이
있다고 하면 사람들이
비웃을지도 모른다.

부자가 되기 위한
정확한 과학이 있다고 하면 사람들이
비웃을지도 모른다.

부의 공급은 유한하다고 생각하는 자들이다. 이들은 세상의 일부라도 부자가 될 기회를 누리려면 사회와 정부 구조의 변화가 우선되어야 한다고 주장할지도 모른다.

하지만 그렇지 않다.

현재 정부가 제대로 작동하지 않아 많은 사람이 가난한 것은 사실이다. 하지만 그보다 문제는 대부분의 사람들이 부자의 방식으로 생각하고 행동하지 않는 것이다.

대중이 이 책이 제시하는 주장을 따르기 시작한다면 정부도, 어떠한 산업 시스템도 그들을 막을 수 없을 것이다. 사회의 모든 시스템이 전진하는 그 움직임에 맞춰 변화를 단행해야 할 것이다.

성장하려는 마음가짐을 가지고 부자가 될 수 있다는 믿음으로 목적의식을 가지고, 그 목적지를 향해 굳건히 나아간다면 그 무엇도 우리를 가난하게 만들 수 없다.

우리는 언제든 어떤 정부 체제에 있는지와 상관없이 부자의 방식을 따라 부자가 될 수 있다.

그리고 점점 더 많은 개인이 그렇게 하면 사회

시스템도 그 움직임에 맞춰 변화되고 더 많은 이들이 그 길을 따르게 될 것이다.

경쟁을 통해 부자가 되는 사람이 많아질수록 경쟁하지 않는 사람은 불리해진다. 반면에 무언가 창조적 힘에 기인해 부자가 되는 사람이 많아지면 그렇지 않은 사람에게도 혜택이 돌아간다.

이 책이 제시하는 과학적 방법을 더 많은 사람이 실천할수록 사회 전체가 경제적으로 풍성함을 누려 부자가 될 수 있다. 그리고 먼저 그 방법을 실천한 사람은 나머지 사람에게 영감을 주고, 그 길을 따르도록 안내할 수 있다. 진정한 삶이 무엇인지 알려주고, 그 삶을 살아가야 한다는 목적의식과 그 삶을 살 수 있다는 믿음을 심어줄 수 있다.

하지만 지금으로서는 정부 체제도, 경쟁 구도로 가득한 자본주의 체제도 우리가 부자가 되는 데 걸림돌이 되지 않는다는 사실을 아는 것만으로도 충분하다. 경쟁이 아닌 무언가 새로 만들어내는 창조의 마음가짐을 가지면 이 모든 것을 극복하고 또 다른 세상의 시민이 되어 살아갈 수 있다.

창조의 마음가짐을 잊어서는 안 된다.

단 한 순간도 공급은 유한하다고 생각하거나 경쟁의식에 휩싸여서는 안 된다.

이는 배신에 가깝다. 혹여나 자기도 모르게 다시 과거의 낡은 사고방식에 사로잡힌다면 깨닫는 그 순간 바로 마음을 다잡아야 한다. 경쟁의식에 빠지면 전체를 바라보는 신은 더 이상 우리를 돕지 않는다.

아직 일어나지도 않은 미래의 일들을 어떻게 해결할지 계획하는 데 시간을 허비해서는 안 된다. 당장 오늘 해야 할 행동에 영향을 미치는 것이 아니라면 말이다. 우리가 신경 써야 할 것은 오늘의 일을 완벽하게 해내는 것이다. 내일 일어날지, 일어나지 않을지도 모를 일은 신경 쓸 필요가 없다. 일어나면 그때 대처해도 늦지 않다. 일할 때도, 사업을 할 때도 마주할 수 있는 장애물을 어떻게 극복할지 신경 쓰지 않아도 된다. 오늘한 행동을 통해 미래에 일어날 일을 확실하게 방지할 수 있지 않은 이상 말이다.

저 멀리 있는 장애물은 무시무시하게 커 보일지도 모른다. 하지만 부자의 방식을 따르며 길을 걸으면 그 장애물에 가까워질수록 장애물이 사라질 것이다. 아니면 장애물을 넘어가거나, 돌파하거나, 돌아갈 방법이 보일 것이다. 철저히 과학적인 방법으로 부자가 되는 길을 걷는 사람에게는 어떠한 상황도 문제 되지 않는다. 부자의 방식을 따르는 사람은 부자가 되지 않을 수 없다. 이는 2 곱하기 2는 어떠한 일이 있어도 반드시 4가 되는 이치와도 같다.

재앙과 같은 일이 발생할까 봐, 장애물을 만날까 봐, 극심한 공포에 휩싸일까 봐, 여러 불리한 상황이 동시에 일어날까 봐 걱정할 필요가 없다. 이런 일이 실제로 일어나면 그때 어떻게 대처할지 생각해도 늦지 않다. 어떠한 어려움도 극복할 방법은 존재한다.

말은 가려서 해야 한다. 절대 자신이나 우리가 하는 일, 그리고 그 외 우리와 관련된 모든 것에 대해서 의욕을 잃게 하는 말을 해서는 안 된다. 실패할 수도 있다는 약간의 가능성을 염두에 둬서도, 이를 입 밖으로 꺼내서도 안 된다. 살기 어렵다거나 사업적으로도 불안정하다는 말도 절대

해서는 안 된다. 살기 어려울 수 있다. 사업적으로도 힘들 수 있다. 경쟁의식에 사로잡혀 산다면 그럴 수 있다.

하지만 창조의 마음가짐을 갖고 살아가는 우리는 절대 그렇지 않다. 우리는 원하는 것은 만들어 낼 수 있고, 두려움을 초월했기 때문이다. 다른 이들은 사는 것이 어렵고 사업이 힘들 수 있어도 우리만큼은 그렇지 않을 것이다. 오히려 호황을 누리고 최고의 기회를 맞이할 것이다.

세상은 자라나고, 무언가가 되기 위해서 성장하는 존재라고 여기고, 바라보고, 생각하도록 부단히 노력하고 훈련해야 한다. 성장하지 않는 모든 것은 악하다고 여겨야 한다. 무엇이든 성장의 관점에서 생각하고 말해야 한다. 그러지 않으면 믿음을 부정하는 꼴이 되고, 믿음을 부정하면 믿음을 잃게 된다.

절대 실망해서도 안 된다. 특정한 시기에 특정한 것을 기대할 수는 있지만, 기대처럼 되지 않을 수 있다. 그럴 때 마치 실패한 것처럼 느껴질 수 있다. 하지만 믿음의 끈을 놓지 않으면 겉으로 보기에만 실패처럼 보인다는 사실을 깨달을 것이다. 계속해서 부자의 방식을 따라야 한다. 원하는 것을 얻지 않았다면 훨씬 좋은 것이 오는 중이다. 실패로 보였던 것이 알고 보면 크나큰 성공이었다는 것을 깨달을 것이다.

부자가 되는 특정한 방법을 따르던 한 사람에게 좋은 사업 아이디어가 떠올랐다. 그 당시에는 무척 가망 있어 보였기에 몇 주간 그 아이디어를 실현하려고 노력했다. 그러다 중대한 시점을 맞이하며 모든 일이 완벽하게 꼬이면서 결국 모든 것이 수포가 되고 말았다. 보이지 않는 어떠한 힘이 자신에게 맞서 싸우는 것이 아닌가 하는 생각이 들만큼 실패의 원인을 도무지 이해할 수 없었다. 그런데도 그는 실망하지 않았다. 오히려 자신의 욕구가 꺾인 것에 감사하며 그렇게 계속 감사하는 태도를 이어갔다.

그리고 몇 주 후 이전과는 비교할 수 없을 정도로 훨씬 더 좋은 기회가 찾아왔다. 그는 자신보다 더 많은 것을 알고 있는 그분께서 더 좋은 것을 주기 위해 처음에 일이 무산되었다는 사실을 알게 되었다.

앞으로 우리가 실패라고 생각하는 모든 실패는 사실 실패가 아닐 것이다. 우리가 목적의식을 가지고 믿음으로 나아간다면 말이다.

감사하는 마음을 잊지 않고 매일 우리가 할 수

있는 모든 일을 성공적으로 해야 한다.

혹여나 정말로 실패한다면 충분히 요구하지 않았기 때문이다. 하던 일을 계속하며 구하던 것보다 더 큰 것을 구하면 반드시 주어질 것이다.

우리가 기억해야 할 것이 있다.

하고 싶은 일을 하는 데 필요한 재능이 부족해서 실패하는 일은 없을 것이다. 이 책의 내용을 따르기만 한다면 어차피 하고 싶은 일을 하는 데 필요한 재능은 모두 갖추게 된다. 물론 이 책은 재능을 개발하는 방법을 다루지는 않는다. 하지만 필요한 재능을 갖추는 방법 역시 부자가 되는 방법만큼 과학적이고 간단하다.

어떤 자리에 다다랐을 때 능력이 부족해 실패하지 않을까 두려워 주저하거나 흔들리지 않길 바란다. 계속 앞으로 나아가다 보면 어느 순간 그 자리에 다다를 것이고 필요한 재능을 갖추게 된다. 학교 교육도 제대로 받지 못했던 링컨이 미국 역사상 가장 위대한 업적을 남겼던 것처럼 우리에게도 그런 훌륭한 일을 해낼 능력이 있다. 주어진 책임을 다하는 데 필요한 지혜 역시 주어질 것이다. 그러니 그저 믿음으로 나아가면 된다.

이 책을 깊게 파고들어라.

책에 담긴 모든 내용을 완전히 숙지해 내 것으로 만들 때까지 친한 벗처럼 항상 곁에 둬야 한다. 이 책이 말하는 모든 것을 확고하게 믿을 때까지는 세상의 많은 유흥과 즐거움을 포기해야 할지도 모른다.

책의 내용과 상반되는 강의나 설교의 자리 역시 멀리해야 한다. 비판적이거나 책의 내용과 어긋나는 내용의 책을 읽거나 이 주제로 다른 이들과 논쟁하지도 마라. 서문에서 언급한 저자들의 글 외에는 읽지 않는 것이 좋다.

시간이 날 때마다 비전을 그리고 감사하는 마음을 기르고, 이 책을 읽어라. 이 책에는 부자가 되는 방법에 대해 알아야 할 모든 것이 담겨 있다. 다음 장에서 지금까지 배운 모든 내용을 요약해서 정리해 보자.

> 부자의 가장 큰 행복은
> 남을 도울 수 있다는 것이다.
>
> – 라 르뷔에르 –

17장

마무리

모든 축복에 진심으로 감사하면
근원 물질과 완벽하게 하나가
될 수 있다.

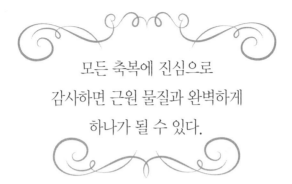

모든 축복에 진심으로
감사하면 근원 물질과 완벽하게
하나가 될 수 있다.

- 모든 것의 근원이 되는 사고하는 근원 물질이 존재한다. 그리고 이 물질은 가장 원초적인 상태로 우주의 곳곳에 스며들고, 침투하여 모든 공간을 그득 채운다.

- 이 물질에 깃든 생각은 그 생각이 나타내는 이

미지를 형상화한다.

- 사람은 무형의 근원 물질에 자신의 생각을 각인시켜 생각을 형상화해 실제 물체로 만들어 낼 수 있다.

- 이 모든 것을 이루려면 경쟁의 장에서 벗어나 무언가를 새로 만들어내겠다는 창조의 마음가짐을 가져야 한다. 원하는 것을 명확히 마음속에 그리고 그것을 이루게 하는 목적의식과 반드시 이루리라는 흔들리지 않는 믿음을 가져야 한다. 비전을 흐리게 하고, 목적의식을 약화하고 믿음을 흔드는 모든 것으로부터 눈과 마음을 돌려야 한다.

- 간절히 바라던 것이 마침내 내게 왔을 때 받을 수 있으려면 현재 속한 환경에서 마주하는 사람과 사물을 대상으로 바로 지금 행동해야 한다.

- 매일 그날 할 수 있는 모든 것을 해야 한다. 그리고 모든 행동을 효율적으로 해야 한다.

무형의 근원 물질이 내려주는 축복을 진심으로 깊이 감사하면 근원 물질과 완벽하게 하나가 될 수 있다. 감사는 우리의 마음과 근원 물질의 지성이 하나가 되도록 만드는 매개체로 감사를 통해 우리의 생각이 근원 물질에 전달된다. 우리가 창조의 마음가짐을 가질 수 있는 유일한 방법은 진심으로 깊이 감사해 무형의 근원 물질과 하나가 되는 것이다.

가지고 싶은 것, 하고 싶은 것, 되고 싶은 것을 마음속으로 명확하고 구체적으로 그려야 한다. 그리고 바라는 모든 것이 이루어지리라 믿고 만물의 근원 되는 신에게 진심으로 감사하는 마음으로 그 그림을 품어야 한다. 부자가 되고 싶은 사람은 쉬지 않고 그 비전을 마음속에 간직하며 반드시 부자가 되리라 믿고 진심으로 감사해야 한다.

비전을 끊임없이 그리는 것은 아무리 강조해도 지나치지 않다. 거기에 흔들리지 않는 믿음과 끊이지 않는 진실로 감사하는 마음도 중요하다. 바로 이 과정을 통해 무형의 근원 물질에 우리의 바람을 전달할 수 있으며 비로소 그 바람을 현실화하기 위한 창조적 힘이 움직이기 시작한다.

창조적 힘은 이미 우리가 알고 있는 자연적 성장과 경제, 그리고 사회의 작동 방식을 통해 일한다. 이 책의 가르침을 따르며 그것을 굳건히 믿는 사람에게는 그가 품은 비전의 모든 세세한 부분이 실재가 된다. 이미 주변에서 볼 수 있는 경제적 및 상업적 환경을 통해 원하는 바가 실현된다.

그토록 바라던 것이 마침내 주어졌을 때 진정으로 받으려면 적극적으로 행동해야 한다. 현재 자리를 채우는 것 그 이상으로 행동해야 한다. 비전을 끊임없이 생각하며 부자가 되려는 목적의식을 기억해야 한다. 그리고 매일 그날 할 수 있는 모든 것을 충실히, 성공적으로 해내야 한다. 마주하는 모든 사람에게 받는 현금 가치보다 더 큰 이용 가치를 되돌려줘야 한다.

주고받는 모든 과정을 통해 더 풍성한 삶을 구현해 낼 수 있도록 말이다. 그리고 성장에 대한 생각과 기운이 만나는 모든 사람에게 전달될 수 있도록 이를 깊이 고찰하고 정립해야 한다.

모든 가르침을 실천하는 모든 사람은 반드시 부자가 된다.

우리에게 주어지는 부의 크기는 비전을 얼마나 명확하게 그렸는지, 목적의식이 얼마나 뚜렷한지, 믿음이 얼마나 굳건한지, 그리고 감사하는 마음이 얼마나 깊은지에 달려 있다.

"

큰 부를 만들기 위해서는

대담함과 용의주도한 신중함이 있어야 하고,

부를 만들어 그것을 유지하는 데는 부를 만들기까지

쏟은 힘의 몇 배나 더 큰 대담함과

신중함을 필요로 한다.

– 에머슨 –

"

- 1910년 집필된 도서로 현재의 상황과 다를 수 있습니다.
- 1910년 기독교적 배경에 따라 집필된 도서로 일부 종교적인 색채가 있습니다.
- 저자의 의도를 살려 최대한 원문대로 번역하였으며, 일부 편역이 있습니다.

부는 어디에서 오는가

100년 동안 단 1%만이 알았던 부와 성공의 비밀

초판 1쇄 발행 2023년 9월 15일

지은이 월리스 와틀스
옮긴이 이주현
펴낸이 정광성
펴낸곳 알파미디어
출판등록 제2018-000063호
주소 05387 서울시 강동구 천호옛12길 18, 한빛빌딩 4층(성내동)
전화 02 487 2041
팩스 02 488 2040
ISBN 979-11-91122-44-2(03320)
가격 14,000원

그리하면 반드시 부자가 된다.

이 책을 펼친 독자는 의심이나 의문 없이 책에 나온
근본적인 사상을 온전히 믿어야 한다. 마르코니나 에디슨이 발표한
전기 작용의 법칙을 그대로 믿는 것처럼 말이다.
그리고 그 믿음을 증명하기 위해서는
어떠한 두려움이나 망설임 없이 실행에 옮겨야 한다.
이 책이 제시하는 부자가 되는 방법은 정확한 과학 그 자체이기 때문에
실패의 여지가 없다.